사람마다 향기다

사람마다 향기다

지은이 | 류응렬
초판 발행 | 2022. 11. 23.
등록번호 | 제1988-000080호
등록된 곳 | 서울특별시 용산구 서빙고로65길 38
발행처 | 사단법인 두란노서원
영업부 | 2078-3352 FAX | 080-749-3705
출판부 | 2078-3331

책값은 뒤표지에 있습니다.
ISBN 978-89-531-4360-9 03230

독자의 의견을 기다립니다.
tpress@duranno.com www.duranno.com

두란노서원은 바울 사도가 3차 전도여행 때 에베소에서 성령 받은 제자들을 따로 세워 하나님의 말씀으로 양육하던 장소입니다. 사도행전 19장 8~20절의 정신에 따라 첫째 목회자를 돕는 사역과 평신도를 훈련시키는 사역, 둘째 세계선교(TIM)와 문서선교(단행본·잡지) 사역, 셋째 예수문화 및 경배와 찬양 사역, 그리고 가정·상담 사역 등을 감당하고 있습니다. 1980년 12월 22일에 창립된 두란노서원은 주님 오실 때까지 이 사역들을 계속할 것입니다.

사람마다 향기다

영혼까지 따뜻해지는
류응렬 목사의 맑은 글 모음

류응렬
지음

두란노

목차

Part 2.

향기는 온 세상에 가득하다

Part 3.

향기는 바람을 타고 전해진다

Part 4.
향기는 마침내 열매를 맺는다

절망을 희망으로, 슬픔을 환희로

《사람마다 향기다》는 저자의 영혼 깊은 곳에서 태어난 책입니다. 저자는 다윗을 닮았습니다. 다윗은 선한 목자, 용맹스러운 장수, 백성을 사랑하는 왕, 하나님을 경외하는 예배자, 그리고 시인이었습니다. 저자도 다윗처럼 다양한 역할을 감당하고 있습니다. 훌륭한 목회자, 탁월한 설교자, 설교학에 통달한 학자입니다. 또한 시인입니다.

저는 시인을 존경합니다. 그 이유는 시인이 품고 있는 사랑의 감수성 때문입니다. 사랑 없이 시를 쓸 수 없습니다. 시인의 눈에는 사랑이 담겨 있습니다. 저자도 마찬가지입니다. 저자는 사랑의 눈으로 모든 것을 바라봅니다. 사랑의 우물에서 건져 낸 언어로 사랑을 전하는 우체부입니다. 그의 시어에는 때때로 상처가 엿보이기도 합니다. 상처는 시의 재료가 되어 또 누군가의 상처를 치유합니다. 그래서 저자는 상처 입은 치유자입니다.

저자의 시와 글은 진솔합니다. 쉽게 읽을 수 있습니다. 그렇지만 빨리 읽을 수는 없습니다. 그 이유는 자주 멈추어 생각하게 하기 때문입니다. 또한 저 자신을 성찰하고 고민하게 하기 때문입니다. 저자의 글은 거울 같습니다. 저자의 글을 읽으면서 그 글에 비친 저 자신을 봅니다. 그리고 제 영혼을 가꿉니다.

저자의 시 〈사람마다 향기다〉 마지막 부분이 특히 깊은 울림으로 다가옵니다. "사람이 자기 얼굴을 가지기까지 / 이겨 내지 않은 계절이 무엇이 있겠는가 / 사람마다 향기다" 저자는 고통의 계절을 이겨 낸 사람들을 향기라고 노래합니다. 저자의 시와 글은 절망에서 시작해서 희망으로 결론을 맺습니다. 슬픔에서 시작해서 환희로 결론을 맺습니다. 저자는 고통을 외면하거나 도피하지 않고 직시하도록 도와줍니다. 고통을 선용하시는 하나님을 바라보게 합니다. 그래서 저자의 글은 보석입니다.

저자의 글은 언제나 우리를 하나님께로, 십자가 앞으로 이끌어 줍니다. 저는 인생과 인간과 하나님을 깊이 알기를 원하는 분들에게, 깊은 상처를 치유하고 슬픔의 고통 중에 위로 받기 원하는 분들에게, 절망의 언덕 위에 희망의 집을 짓기 원하는 분들에게 이 책을 추천하고 싶습니다.

강준민 L.A. 새생명비전교회 담임목사

오늘도 삶으로
최고의 시를 쓰고 있는 당신께

책장을 넘기면서 세상이 조금 더 소중하게 보이고 곁에 있는 사람이 조금 더 사랑스럽게 느껴진다면 좋겠습니다. 한 문장의 글이라도 삶에 지친 누군가에게 쉼이 되고 아파하는 어느 영혼에게 미소 지을 수 있는 힘이 된다면 얼마나 좋을까요.

무엇보다 거울 속에 비친 자신의 모습을 볼 때 내 모습 이대로 품으시는 주님의 눈빛을 그려 보면서 여유 있는 미소로 자랑스러워할 수 있기를 바랍니다. 하나님의 관심은 하늘의 태양이나 밤하늘의 별이 아니라 바로 거울에 비친 나에게 집중되어 있으니까요.

고마움을 전하고 싶은 분들이 있습니다. 이제 천국에서 시편으로 주님을 감동시킬 시인 최연홍 교수님은 제가 섬기는 교회에서 주일설교가 끝나면 순박한 미소로 "목사님 설교는 한 편의 시입니다" 하고 기뻐해 주시곤 했습니다. 얼마나 든든했는지 모릅니다. 고맙습니다.

아울러 평범하게 쓴 글도 항상 시적으로 읽어 주시며 과분한 추천사를 써 주신 강준민 목사님, 참 고맙습니다. 한 권의 책을 위해 감동적인 수고를 쏟아 주신 두란노 분들께도 감사합니다.

땅 위에서 살아가는 날 동안 눈물도 아픔도 많지만 하나님 하늘에 계시고 사랑하는 사람들 곁에 있으니 삶은 언제나 아름답습니다. 힘겨운 시기를 지나면서 묵묵하게 주님을 바라보며 걸어가는 분들, 삶의 곡선 길에서 오늘도 소망을 품고 살아가는 여러분 모두가 시인입니다. 최고의 시란 백지에 쓰는 글자가 아니라 진솔하게 살아가는 삶이기 때문입니다.

2022년 11월

류응렬

Part 1

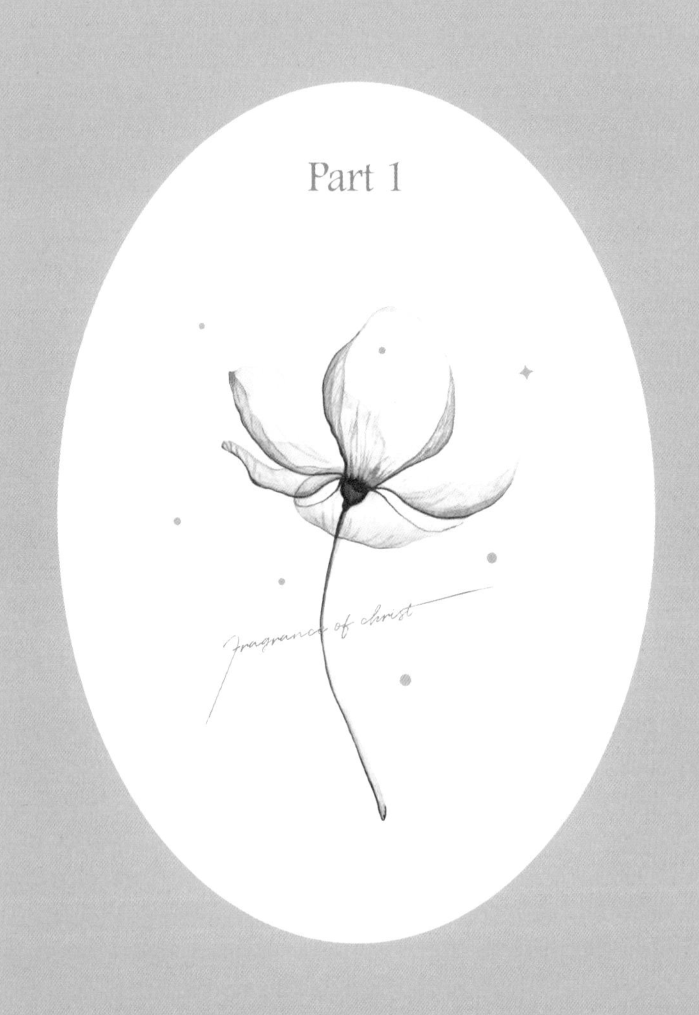

사람마다
향기다

친구야,
미안하다

용서에 관한 설교를 준비하면서 아주 오래전 일이 하나 떠올랐습니다. 중학교 1학년 때였습니다. 국어 시간에 책을 가져오지 않아 짝꿍의 책을 책상 중간에 놓고 함께 보았습니다. 그 모습을 선생님이 보고는 엄한 목소리로 누가 책을 가져오지 않았느냐 물었습니다. 친구와 저는 아무 말도 하지 못했습니다. 저는 공부를 곧잘 하던 편이라 선생님은 두 번도 묻지 않고 들고 있던 매로 공부를 못하던 친구의 머리를 한 대 때렸습니다. 친구는 끝내 아무 말도 하지 않았습니다. 저는 오래도록 비겁하게 침묵했던 그 순간을 잊을 수가 없었습니다.

세월이 지나 중학교 3학년이 되었습니다. 공부에 흥미가 없고 힘겨운 삶의 무게를 이기지 못했던 친구는 하루이틀 학교를 빠지기 시작하더니 결국 오랫동안 결석을 했습니다. 학교에서 퇴학 조치를 하려 했을 때 선생님께 기회를 달라고 간곡히 부탁드려서 함께 집으로 찾아갔습니다.

친구의 아버지가 허름한 집 부엌에서 홀로 식사를 하다가 당황한 모습으로 나오셨습니다. 그러고는 연신 미안해하며 머리를 숙이셨습니다. 그 모습이 오랫동안 제 가슴에 남아 있습니다. 고등학교에 들어간 후로 친구를 볼 기회가 거의 없었습니다. 그렇게 바람 따라 흐른 세월이 40년입니다.

수소문을 해서 친구에게 전화를 걸었습니다. 태평양 너머에서 들려오는 친구의 목소리는 투박한 사투리에 그 옛날 듣던 음성이었습니다.

"친구야, 내 목소리 기억하겠니?"

그 긴 세월을 뚫고 친구는 단번에 제 이름을 불렀습니다. 반가운 인사도 잠깐, 저는 꼭 하고 싶은 말이 있다고 운을 뗐습니다. 그리고 그 옛날 중학교 1학년 시절 국어 시간에 있었던 일을 이야기했습니다.

"친구야, 참 미안하다. 그리고 고맙다."

친구가 속히 다른 이야기를 꺼내 더는 말을 못 이었지만, 그의 목소리는 오랜 세월 곁에서 함께 지내 온 사람처럼 밝게 들렸습니다.

사는 날 동안 마음에 불편하게 남아 있는 사람이 한 명도 없으면 좋겠습니다. 주님이 창조하신 이 아름다운 세상, 가을 들녘 연기처럼 살다가 주님 앞에 서야 할 날이 곧 다가오겠지요. 오늘이 마지막 날인 것처럼 그렇게 살 수 있다면 좋겠습니다.

학교에서 가르칠 때나 목회하면서 한 분 한 분을 더 소중히 여기지 못하고, 제대로 섬기지 못해 늘 죄송한 마음입니다. 사람을 사랑하고 섬기기 위해 존재하는 목사가 조금이라도 누군가의 마음을 힘들게 한 일이 있다면 너그러이 용서를 구합니다.

전화를 끊으면서 친구는 말했습니다.

"친구야, 다음에 술 한잔하자. 참, 너 술 안 하지. 내 잘 대접할 테니 꼭 한번 보자. 고맙다, 친구야."

가을이 무르익는 계절, 고향에서 불어온 향기로 마음까지 풍요로워지는 것만 같습니다.

사람마다 향기다

소리 없이 떨어지는 꽃잎이라 해도
사연 없는 낙화가 어디에 있겠는가

지천으로 흩어지는 낙엽이라 해도
눈물 없이 물든 잎이 하나라도 있겠는가

사람이 자기 얼굴을 가지기까지
이겨 내지 않은 계절이 무엇이 있겠는가

사람마다 향기다

감꽃

잠 깨면
감나무 밑으로 조심히 다가가
감꽃을 줍는다
실에 꿰어 말리면
단맛이 입안에 스며든다

감꽃이 다 떨어져
비 뿌린 아침이면 일찍
감나무 밑으로 걸어가
아기 감을 줍는다
소금물에 담그면
짭짤한 감 맛이 스며든다

여름을 인내한 감나무
바람 지나간 아침이면 일찍
감나무 밑으로 조심히 걸어가
홍시를 줍는다
동생을 깨운다

아, 그날 아침

한마디 말 속에 하나님의 향기를 담아

목회를 하면서 들어 본 가장 격려가 되었던 말이 있습니다. 목회를 시작할 때 한 장로님이 반기면서 해준 말입니다.

"목사님, 우리 교회를 통해 목사님의 꿈을 마음껏 펼치세요. 우리 교회는 하나님이 목사님에게 주신 그 비전을 이루어 드리는 것만 해도 최고의 교회가 될 겁니다."

목사에게 날개를 달아 준 한마디였습니다. 그 말을 생각할 때마다 제 생각 하나가 우리 교회의 미래를 결정짓는다는 진지한 마음과 무거운 책임감이 들어 더욱 주님 앞에 엎드렸습니다.

어느 해인가 송구영신예배를 마치고 로비에서 교인들과 즐겁게 인사할 때였습니다. 한 연세가 지긋한 장로님이 가까이 와서 제 손을 잡고 귀에 조용히 속삭였습니다.

"목사님, 그렇게 열심히 안 하셔도 돼요. 그래도 우리는 모두 만족해요."

늘 부족한 섬김에 죄송해하는 목사에게 얼마나 격려가 되던지요. 목회 가운데 고민이 생기거나 힘겨운 순간이 오면 그 따스한 목소리를 다시금 떠올리곤 합니다.

한마디 말로 사람의 정곡을 찌를 때 촌철살인(寸鐵殺人)이라고 합니다. 마찬가지로 한마디 말로 사람을 살려 내는 말이 있다면 촌철활인(寸鐵活人)이라 할 수 있을 것입니다.

탈무드에 보면 한 임금이 시몬과 요한을 불렀습니다. 시몬에게는 세상에서 가장 좋은 것을, 요한에게는 세상에서 가장 나쁜 것을 구해 오라고 명령했습니다. 시몬이 가장 귀한 것이라고 구해 온 것은 사람의 혀였습니다. 요한이 가장 나쁜 것이라고 구해 온 것도 사람의 혀였습니다. 가장 귀한 혀가 가장 해악을 끼칠 수도 있다는 가르침을 줍니다. 말은 의사전달의 수단을 넘어 사람을 변화시키기도 하고 낙심하게도 만드는 힘을 가지고 있기 때문입니다.

일자천금(一字千金)이라는 말처럼 때에 맞는 한마디의 말은 천 냥 빚을 갚기도 하고, 어떤 말은 가슴에 새겨져 인생을 아름답게 만들어 주기도 합니다. 반면에 어떤 말은 단 몇 초 만에 상대에게 큰 상처를 줍니다. 그 상처는 치유하는 데만 몇 년이 걸릴 수도 있습니다.

하나님의 형상대로 창조된 인간이 할 수 있는 가장 중요한 능력 가운데 하나는 말로써 의사를 표현하는 것입니다. 이런 인간의 특성을 두고 호모 로퀜스(Homo Loquens)라고 부르기도 합니다. 하나님은 말씀으로 천지를 창조하셨고, 말씀이신 하나님이 사람의 몸을 입은 예수님으로 세상에 오셨습니다. 오늘날 우리가 하나님을 체험하는 것도 기록된 말씀을 통해서입니다.

이처럼 말을 한다는 것은 창조주 하나님께서 주신 특권이며, 말로써 서로를 축복하는 것은 하나님께서 주신 소중하고 특별한 선물입니다. 힘겨운 풍랑 속에서 고통의 눈물을 흘릴 때 따스한 한마디 말은 거센 파도를 극복하는 힘을 안겨 줍니다. 말의 소중함을 잘 표현한 잠언 말씀이 있습니다.

> 사람은 그 입의 대답으로 말미암아 기쁨을 얻나니
> 때에 맞는 말이 얼마나 아름다운고 잠 15:23

가끔 청년들이 어떤 이성과 교제하면 좋겠느냐고 물어봅니다. 저는 말을 정갈하게 하는 자매, 긍정적인 말을 하는 형제를 만나라고 조언합니다. 평생 곁에서 함께 살아야 하는 사람에게 가장 필요한 것이 있다면 말로써 서로 원활히 소통하는 일일 것입니다. 깨어지는 가정의 공통점은 부부의 대화가 건강하지 않다는 것입니다. 행복한 가정을 세우는 가장 중요한 비결은 서로를 존중하고 공감하는 대화에 있습니다.

언어를 선택할 때 성도가 기억할 두 가지가 있습니다. 하나는 '이 말이 하나님께 영광이 되는가?'이고, 다른 하나는 '이 말을 통해 상대방이 세워질 수 있는가?'입니다. 상대방을 세우는 말은 자신의 소중함을 깨닫게 하고 삶을 더욱 아름답게 만듭니다. 따스한 가슴에서 나오는 고운 말은 듣는 사람의 마음을 평안하고 행복하게 합니다. 아울러 그 자리에 없는 사람 이야기를 할 때는 '그 사람 앞에서도 똑같이 말할 수 있는가?'를 생각해 봐야 합니다.

말은 마음의 거울이라고도 합니다. 즉 말은 내뱉는 사람의 인격과 신앙을 보여 주는 증표가 됩니다. 우리에게 최고의 말은 예수님을 대하는 심정으로 하는 것입니다. 하나님 앞에서 말하듯 이야기할 때 우리의 말은 사람을 살리는 능력을 덧입게 될 것입니다. 그리스도인의 언어는 하나님의 모습을 드러내는 향기입니다. 비록 하나님은 눈에 보이지 않지만, 우리가 사랑과 소망을 담은 언어를 사용하면 그 가운데 당신의 향기를 드러내실 것입니다. 최고의 시인은 사람의 마음을 감동시키는 언어를 소유한 사람입니다.

언젠가 천국에 이르게 되면 우리의 언어 습관은 하나님이 기뻐하시는 방향으로 바뀌게 될 것입니다. 땅 위에서 그렇게 훈련하고 살아간다면 그 영광스러운 날에 사용

할 우리의 언어가 낯설지 않을 것입니다. 촌철활인, 한마디 말로 사람을 살려 내고 사람을 세워 우리 사회를 아름답게 만들어 가는 세상을 기대해 봅니다.

성도에게

오늘, 가을 깊어 가는 날
당신이 세상에 태어난 날
내리는 빗줄기는 고운 소리로
당신의 생일을 축하합니다

담 옆에 소담스럽게 피어난 패랭이꽃
디오스 안토스라는 이름을 가진 신성한 꽃
겸손히 허리를 굽혀야 자세히 보이는 꽃
지친 사람들 연한 향기에 위안을 얻는 꽃
당신은 패랭이꽃을 닮았습니다

어둠이 병풍처럼 하늘을 두른 밤
저 멀리 온 하늘에 걸려 있는 별들을 대신하여
당신과 가족의 행복을 빌며
작은 촛불 하나 밝힙니다

가난한 시인은 소박한 언어로 기도를 드립니다
하나님께서 당신의 삶을 이끄시어
걸음마다 하늘 향기 펼치게 하시고
손길마다 하늘 사랑 쏟아 내게 하시고
호흡마다 하늘 기쁨 되게 하소서

바람에 벚꽃 날릴 때

세찬 바람에 흩날리는 벚꽃을 보면
바람을 끌어안고 말리고 싶다
마음이 아픈 사람에게는
하루의 꽃향기라도 더 필요하다고

서녘 하늘에 물들어 가는 노을을 보면
하늘을 끌어안고 외치고 싶다
홀로 우는 사람에게는
하루의 빛이라도 더 필요하다고

내 정녕 가슴으로 부르는 노래가
누군가 흐르는 눈물을 닦아 줄 수 있다면
떨리는 손을 잠시라도 잡아 줄 수 있다면
내 위대한 인생이라고 웃음 지을 수 있을 텐데

그 사람,
얼마나 향기로웠으면

40년 전, 한 젊은 한국 선교사 가정이 브라질 상파울루에 도착했습니다. 두 달 동안 한인교회에서 머문 후에 어린 자녀 둘을 데리고 그곳에서 버스로 72시간 거리에 있는 피아우이 주 테레지나라는 작은 지방으로 들어갔습니다. 그곳은 전기도 물도 학교도 없는 시골이었습니다. 더 큰 문제는 언어였습니다. 그곳은 한인이라곤 한 사람도 없는 지역이었는데, 선교사 부부는 포르투갈어를 한 마디도 할 줄 몰랐습니다. 한인교회 성도들은 모두가 걱정하며 안쓰러워했습니다. 그러나 누구도 말릴 수 없었습니다. 하늘의 부르심이라는 것을 직감했기 때문입니다. 그저 간절한 마음으로 기도할 뿐이었습니다.

그런데 놀라운 일이 일어났습니다. 젊은 의사 부부가 그 선교사님 부부를 보면서 감동을 받았습니다. 선교사님을 도와야겠다는 마음 하나로 의사 수련을 마치자마자 그 지역으로 들어갔습니다. 그뿐만이 아닙니다. 이 모든 상황을 지켜본 고등학교 1, 2, 3학년 세 자매가 있었습니다. 도시에서 살아가는 것도 쉽지 않은 일인데 이름도 생소한 시골로 들어간 선교사님, 그를 돕겠다고 젊음을 던지고 시골로 따라 들어간 젊은 의사 부부. 그들의 삶이 세 자매에게 지워지지 않는 울림으로 가슴에 남았습니다. 세 자매도 똑같은 꿈을 품기 시작했습니다. 자신들도 좋은 의사가 되어 그 선교사님 같은 사람을 도와야겠다는 꿈을 꾸게 되었습니다.

세월이 흘렀고, 세 자매는 모두 의사가 되어 미국으로 이민을 갔습니다. 그들은 해마다 여름과 겨울이 되면 의료 기구들을 가득 챙겨 의료단기선교를 떠납니다. 그 세 자매 중 셋째가 제 아내입니다.

아내는 제가 섬기는 교회에서 열린 제9차 한인세계선교대회(KWMC)의 의료진으로 섬기게 되었습니다. 그때 아내 앞에 머리가 하얀 선교사님이 앉아 계셨습니다. 그분의 명찰을 보고 아내는 어릴 때였지만 너무나 강렬하게 가슴에 남아 있던 그 이름을 기억했습니다. 브라질에서 오셨다는 말에 한눈에 그 이름의 주인공을 알아보았습니다. 강성일 선교사.

떠난 뒷모습만 기억에 남아 있는 강 선교사님을 40년 만에 이렇게 만났으니, 그 기쁨을 무엇으로 설명할 수 있을까요? 지난 40년 동안 한 번도 생각해 보지 못한 아내의 사연을 들으면서, 그 옛날 뿌린 작은 씨앗 하나가 자라나 열매가 되어 자신 앞에 서 있는 것을 보면서 강 선교사님은 어떤 마음이었을까요?

아내의 둘째 언니 내외도 한인세계선교대회에 참석했는데, 계단을 내려오다가 고석희 목사님을 만났습니다. 34년 전 한인세계선교대회를 태동시킨 분입니다. 둘째 형부와는 40년 전 대학 시절 성경공부를 인도해 주셨던 인연이 있습니다. 목사님을 알아본 아내의 형부가 외쳤습니다.

"목사님, 저예요."

고 목사님이 매주 성경공부를 인도하면서 항상 하시던 말씀이 있었답니다.

"원규야, 너는 무엇을 하든 선교를 해야 한다."

그날의 청년이 그 한마디를 가슴에 품고 의료 선교에 대한 꿈을 꾸게 되었고, 이제는 장로가 되어 해마다 청진기를 챙겨 선교지를 찾아갑니다. 그뿐만이 아닙니다. 둘째 언니 내외는 주어진 달란트로 어떻게 선교사님들을 도울 수 있을까 오랜 세월 기도하며 고민하다가 원격으로 선교 사역을 도울 수 있는 Health Outreach for World Missions(HOWM) 이라는 의료 기관을 세웠습니다.

40년 전에 한 사람이 보여 준 삶이 누군가의 가슴에 영혼을 품게 했고, 40년 전에 한 사람이 외친 가르침이 한 젊은이의 가슴에 세상을 품게 했습니다.

우리가 뿌린 씨앗이 당장에 결실을 맺는다면 감사한 일입니다. 살아 있는 날 동안 그 열매를 맛본다면 행복한 일입니다. 그러나 그렇지 않다 해도 하나님은 언젠가 생명의 열매를 맺게 하실 것을 믿습니다. 하나님이 행하실 일을 믿고 오늘도 묵묵히 복음의 씨앗을 뿌리며 살아갈 것입니다.

이 모든 일을 계획하신 하나님, 온 세상에 흩어져 있는 퍼즐을 다 맞추어 아름다운 그림을 완성시킨 그분의 솜씨. 우리는 이 그림 앞에 '은혜'라는 제목을 써 놓고 하나님께 전심의 감사를 드립니다.

사는 날 동안 자유를 노래하리라

1.
브라질 아마존에서 한여름 태양과 싸우며
인디오 청년들에게 성경을 가르친다

검은 피부에 작은 키의 사람들
서구 세력의 침략으로 수백만 인구가 학살을 당하고
아픔을 삼키며 살아남은 혈족이다

눈물이 너무 많아 키가 자라지 못했는가
고통의 역사가 웃음을 잃게 했는가
이들은 웃으나 하얀 치아를 드러내지 않고
말을 하나 큰 소리로 말하지 않는다

바다 건너서 가르치러 온 이방인 선생을 만나려
닷새간 아마존을 헤치고 배를 타고 온 청년이 있고
나흘간 수풀을 헤치고 걸어온 청년도 있다

스물세 살이 된 아우페오는 아들이 두 살
같은 나이의 아날리는 아들이 여덟 살이다

온통 숲과 강으로 둘러싸인 인디언 마을에서
어릴 때부터 물고기 잡는 것을 배운 아이들
화살로 짐승이라도 한 마리 잡는 날이면

온 마을 사람들 모여 축제를 벌인다

하늘을 바라보며 내리는 비에 기뻐하고
나무마다 열린 과실에 감사하며
소유라는 말도 모른 채 살아가는 사람들
자연에서 태어나 자연과 살아가는 이들이 자연이다

2.
아마존은 넓은 하늘에 자유가 흐르고
하늘 높이 솟은 나무마다 열매가 넘치는데
청년의 깊게 파인 주름살에는
삶의 고단함이 스며 있다

책 한 권 없이 살아 온 인디오 청년들
이들에게 다가가기 위해 먼저 나를 벗는다
읽은 책도 지은 책도 모두 내려놓고
그저 고등학교를 성실하게 다닌 날들을 떠올리며
이들의 언어와 생각의 세계로 들어간다

낯설게 만나 며칠을 보내도
눈을 마주하고 인사도 제대로 못 하는 인디오 청년들
발음도 잘 안 되는 이름을 몇 번이나 부르고
태양에 그을린 검은 손을 잡고 뛰놀다 보면
감추었던 미소를 보여 줄 때가 있다
순간처럼 스쳐 가는 미소라 해도
아마존강보다 더 깊이 남아 있다

하루의 해는 조금의 인내심도 없는지
쉬이 저녁이 찾아오고
온종일 노래하던 새소리 잦아들고
밤하늘엔 무성한 별들이 온 하늘에 반짝인다

3.
땀과 사랑과 눈물로 지나가는 날들
하루가 사흘이 되고 사흘이 한 주가 되고
하늘의 달이 모양을 달리할 때
아마존 음식의 향내가 내 입맛에 가까이 오고
이들의 체취도 내 몸에 스며들 때쯤이면
땅 위에서 다시 보지 못할 이별을 해야 한다

오랜 시간이 흘러 이들의 향기가 그리워질 때
난 지구상에 또 어느 한 모퉁이에서
희망이라는 단어를 상실한 채 살아가는 사람들의 손을 잡고
꿈이라는 단어를 모른 채 자라나는 아이들을 가슴에 안고
해맑은 저들의 눈을 바라보며 들려줄 것이다

하나님이 우리에게 내린 인생은 아름다운 것이라고
살아 있는 자는 누구라도 부를 노래가 있다고
삶의 도화지에 자유의 날개를 달고 너의 그림을 그려 보라고
나는 사막에서 샘을 노래하는 시인처럼
고개를 떨군 사람에게 소리치며 달려갈 것이다

4.

언젠가 땅 위의 호흡이 희미해져 올 때
오랫동안 달려온 흔적들 하나씩 꺼내어
잠시라도 미소 지을 수 있다면
석양 따라 그림자같이 내 인생이 사라진다 해도
나는 여전히 하늘을 향해 노래할 것이다

하나님이 우리에게 부여한 삶은 위대했으며
우리에게 주어진 땅 위의 삶은 아름다웠으며
살아 있는 모든 순간은 소중하다고
감사의 찬가로 마지막 노래를 부르리라

내 노래가 끝나고
내 의지마저 육신의 장막에 갇힐 때
나의 영혼은 새로운 꿈을 향해 날아오르리라
나의 영혼은 생명의 꿈을 꾸며 날아오르리라

고요한 밤
거룩한 밤

미국 버지니아에 첫눈이 고요히 내렸습니다. 우리 주님 오신 날을 맞이하는 신부의 단장 같습니다. 해마다 겨울이 오고 추운 날씨가 코끝이 시리게 찾아오면 우리 마음을 따스하게 만드는 이야기가 떠오릅니다.

1818년 크리스마스를 일주일 앞둔 어느 깊은 밤이었습니다. 오스트리아 잘츠부르크에서 20킬로미터 떨어진 오베른도르프라는 작은 시골 마을에 있는 성 니콜라스 교회에는 아직 불이 켜져 있었습니다. 이 교회를 섬기는 26세의 요제프 모어(Joseph Mohr)는 시름에 빠졌습니다. 성탄절은 다가오는데, 하나밖에 없는 오르간이 고장 났기 때문입니다.

하나님의 도움을 구하면서 기도하다가 창밖을 보았을 때, 천지가 잠든 고요한 밤이 짙게 깔려 있었습니다. 하나님이 그에게 다가오시는 따스한 손길의 응답처럼 여겨졌습니다. 요제프 모어는 온몸을 타고 오는 전율을 시로 옮기기 시작했습니다. 그가 적은 시를 읽고 같은 교회의 오르가니스트인 프란츠 그루버(Franz Gruber)가 곡을 붙였습니다. 그렇게 탄생한 노래가 성탄절에 가장 많이 불리는 "고요한 밤 거룩한 밤"(Stille Nacht Heilige Nacht)입니다.

이 노래는 부르는 사람들 가슴마다 성탄에 대한 기쁨과 감사로 넘치게 합니다. 2차 세계대전이 한창이던 겨울이었습니다. 프랑스군과 독일군이 작은 강을 사이에 두고 치열하게 전투를 벌이고 있었습니다. 12월 24일 성탄 전야가 되었고, 참호 속에 있던 병사들마다 고향 생각으로 눈물을 지을 때였습니다. 한 병사가 낮은 휘파람으로 불기 시작한 이 노래가 적막한 강변에 울려 퍼지기 시작했습니다.

고요한 밤 거룩한 밤 어둠에 묻힌 밤
주의 부모 앉아서 감사기도 드릴 때
아기 잘도 잔다 아기 잘도 잔다

강변을 따라 울리던 노래가 병사들의 가슴에 스며들었습니다. 그 노랫소리를 따라 고향에 계신 부모님의 얼굴이 떠오르고 어린 시절이 스쳐 지나갔습니다. 그리운 친구들의 얼굴이 보이고 사랑하는 연인의 목소리도 그리워졌습니다.

고요한 밤 거룩한 밤 영광이 둘린 밤
천군 천사 나타나 기뻐 노래 불렀네
구주 나셨도다 구주 나셨도다

세상에 평화의 왕으로 오신 예수님을 찬양할 때 이상한 일이 일어났습니다. 아군 적군 할 것 없이 모두가 잠시 무기를 내려놓고 성탄의 노래를 함께 불렀습니다. 성탄절 노래가 울려 퍼지는 곳마다 상처 입은 영혼에 소망이 스며들고 내일의 희망이 사라진 사람들의 가슴에 희망의 불씨가 일어나기 시작합니다.

길거리에 크리스마스 캐럴이 울려 퍼질 때면 제 마음을 참 따스하게 하는 한 청년이 떠오릅니다. 청년은 늦은 밤 전철에서 내려 집으로 돌아가는 길에 가판대를 놓고 무언가를 팔던 아주머니를 만나곤 했습니다. 아주머니는 항상 흰 보자기를 머리에 둘러쓰고 주로 편지봉투와 서류를 담는 누런 봉투 같은 것을 팔았습니다. 청년은 그 아주머니를 볼 때마다 이것저것 사 오고는 했습니다. 책상 서랍에는 각종 봉투가 수없이 쌓여 갔습니다.

어느 때보다 매서운 겨울바람이 골목마다 휘감아 돌 때였습니다. 성탄절을 하루 앞둔 날 밤, 청년은 집으로 돌아가는 길에 그 아주머니를 또 만났습니다. 그는 남아 있던 물건을 다 싸 들고 가진 돈을 모두 봉투에 담아 아주머니에게 드렸습니다. 인사를 하고 돌아서는 청년에게 아주머니가 부탁했습니다.

"오늘은 저희 집에 잠깐 가 주실 수 있을까요?"

청년은 그분을 따라 집으로 갔습니다. 아주머니가 모시던 노모가 거동이 불편한 채로 계셨고 오랫동안 보지 못했다는 아들 이야기를 들려주면서 아주머니는 눈시울을 적셨습니다. 살면서 겪어 온 다양한 이야기를 들려주면서 때로 늦은 밤 그 청년을 만날 때마다 아들 같은 생각에 고마운 마음이 들었다며 연신 고마워했습니다. 그렇게 밤이 깊도록 아주머니의 말씀을 듣고, 따라 준 따스한 물 한 잔 마시고 나오는 청년을 향해 아주머니는 주저하며 말문을 열었습니다.

"내가 이 고마운 마음을 표현할 수 있는 것이 아무것도 없어 미안해요. 하나님이 청년을 참 축복하실 거예요."

그리고 조용히 노래를 불렀습니다.

"고요한 밤 거룩한 밤 어둠에 묻힌 밤."

청년은 쏟아져 내리는 눈물을 속으로 머금고 차분히 인사를 나누었습니다. 겨울이 깊어 가고 눈이 세상을 덮은 날, 그 청년을 생각하면 온 세상이 따스해집니다. 저는 그 멋진 청년을 동생으로 둔 형입니다.

장춘의 겨울

중국 동북 지방 길림성 장춘
한 해 마지막을 지나는 바람이 차가운 거리
당신과 아쉽게 헤어지고 돌아오면
길거리에서 옥수수 파는 아주머니를 만나곤 했지

불씨가 흩날리는 조그만 화롯불을 앞에 놓고
플라스틱 의자 위에 쪼그려 앉은 모습이
부엌에서 불을 때던 어머니 모습 같기도 하고
시골 장터 모퉁이에서 채소를 팔던 여인 같기도 했어

사람들 발걸음 끊어진 밤길
나는 아무렇게나 길바닥에 걸터앉아 옥수수를 먹었어
화롯불 가까이 오라며 손짓하던 아주머니
이 빠진 옥수수 같은 치아를 보이며 웃었어

바람이 찬 날에는 하늘의 별이 더욱 빛났어
알아듣지 못하는 중국말로 말을 건네면
난 미소 진 얼굴로 고개를 끄덕이며 말했어
위미 하오츠, 위미 하오츠! 옥수수 맛있어요!

20년 세월 지나 겨울이 내려앉은 장춘 거리
그날 밤 옥수수 탄 냄새는 매화 향기처럼 남아 있는데
아주머니 앉았던 자리에는 바람만 가득하네
나는 바래다 줄 사람도 없어 가야 할 길을 모르고 서 있네

사랑받지 못할 인생이 어디 있으랴

미국 오레곤 포틀랜드의 한 교회에서 부흥회를 인도하기 위해 온 목사를 소개하는 시간이었습니다. 담임목사는 이야기를 하나 들려주는 것으로 강사 목사를 소개합니다.

한 청년이 신학교를 졸업하고 목사 시험을 보러 가던 길이었습니다. 길에서 허름한 옷을 입고 힘없이 쓰러진 사람을 보았습니다. 청년은 지체하지 않고 그에게로 가 자기 무릎에 눕혔습니다. 근처에서 구해 온 빵과 우유를 그의 입에 넣어 주었습니다.

청년의 친구가 시험장을 향해 가다가 걸음을 멈추었습니다. 시험 시간에 늦을 것 같아 청년에게 급하게 말을 걸었습니다.

"무슨 일이니?"

청년은 미소 지으며 말했습니다.

"이분이 너무 힘없이 쓰러져 있기에 먹을 것을 좀 구해 왔어."

친구는 그를 재촉했습니다.

"이제 가야 할 시간이야."

청년은 차마 자리를 뜰 수가 없었습니다.

"먼저 가. 좀 있다 뛰어갈게."

목사 안수식이 있던 날 아침이었습니다. 청년의 친구는 마음을 졸이며 주변을 둘러봤습니다. 시간이 다 되어도 그 청년은 나타나지 않았습니다. 예배가 시작되기 직전에 청년은 문을 열고 들어와 자리에 앉았습니다. 청년은 목사 안수를 받는 날 아침까지 감히 자격 없는 자신을 바라보며 안수식에 참석하기를 주저했다고 했습니다. 그의 목사 안수를 축복하기 위해 달려온 수십 명의 성도는 가장 늦게 나타난 자신들의 목자를 바라보며 박수로 그를 맞이했습니다.

강사를 소개하는 담임목사의 마지막 멘트였습니다.

"이분을 목사로 만든 것은 신학교도 목사 시험도 아닙니다. 그를 사랑하셔서 십자가를 지신 분, 그리고 그가 닮기를 원하는 예수님이십니다. 오늘 그 예수님을 잘 보여줄 목사님을 모셨습니다. 사실 이야기 속 청년이 곧 나오실 목사님이고, 그를 지켜보던 친구가 접니다."

제 자신의 젊은 날의 한 부분을 담은 이야기지만 이제 하얀 머리카락이 듬성듬성 나는 중년이 되고 보니 그렇게 살아간 청년이 참 그립습니다.

인생이란 누구에게나 빈 화폭을 한 점 한 점 붓으로 채워 가는 한 편의 그림과 같습니다. 순간이란 점이 모여 하루라는 선이 되고, 그 선이 모여 한 해라는 그림이 되고, 그렇게 해들이 모여 한 사람의 인생이 탄생합니다. 어느 순간도 소중하지 않은 시간이 없고, 아무리 사소해도 의미 없는 일은 없습니다. 주님의 눈으로 세상을 보면 아무렇게나 발에 채는 돌멩이 하나도, 제멋대로 자라나는 이름 모를 들풀 하나도 소중합니다. 주님의 마음을 품고 사람을 보면 사랑하지 못할 사람도, 사랑받지 못할 사람도 없습니다.

흘러가는 시간에 갇혀 살아가는 삶이라도 하늘을 향해 살아가는 사람들은 유유히 짓는 미소가 있습니다. 오늘도 분주한 일상으로 달려가는 삶에서 잠시 눈을 들어 푸른 하늘을 볼 수 있다면 좋겠습니다. 푸른 하늘을 바라볼 때마다 하나님께서 웃으라고 주신 선물이라 생각하고 마음껏 웃는 날이 되면 좋겠습니다. 아픔도 많지만 주님 바라보면 삶은 언제나 아름답습니다.

청년 예수가 가신 그 길

하늘 영광을 버리고 세상에 내려와서
먼지 나는 갈릴리 해변 길을 걸었던 당신

서른셋 청년으로 세상의 죄를 대신하여
한마디 변명 없이 십자가에 올랐던 당신

저주를 쏟아 내는 병사들을 향해 당신은 기도했지요
아버지 저들을 용서하소서, 무엇을 하는지도 모르나이다

당신이 걸어간 거리마다 꽃들이 피고
전해 준 말씀을 듣는 자마다 새 생명을 얻습니다

다시 오리라 말씀하신 당신을 기다리며
남기신 십자가 길을 오늘도 따라갑니다

얼어붙은 대지 위로 피어나는 사랑

호북성 우한에서 중국 지도자들을 위한 마지막 수업을 하고 나니 오후 6시가 다 되었습니다. 7시 50분 비행기를 타야 했기에 서둘러 공항으로 향했습니다. 하얼빈으로 가는 비행기에 오르자 한 주간 제대로 잠을 자지 못한 탓인지 온몸에 피로가 몰려왔습니다. 몸살 기운이 찾아오는 듯했습니다. 3년 전 하얼빈에서 과로 때문에 대상포진에 걸린 기억이 되살아나서 긴장감이 엄습해 왔지만, 어느새 비행기가 이륙했는지도 모른 채 잠이 들었습니다.

세 시간 지나 비행기가 착륙할 때가 되어서야 정신이 들었습니다. 비행장을 나설 때 코끝이 아프도록 찾아온 세찬 공기가 폐 속까지 스며들었습니다. 그 무렵 하얼빈의 기온은 영하 20도 정도였습니다. 추위가 약간 꺾여서 그 정도였습니다. 허름한 숙소에 도착해 여장을 풀고 나니 새벽 1시가 지났습니다.

하얼빈에서 주일부터 사흘 동안 사랑하고 그리웠던 지체들과 말씀을 나누었습니다. 설 연휴라서 지난해 만났던 많은 지체가 고향으로 돌아갔지만 믿지 않던 한 교수 부부가 매일 말씀 공부에 나와 주었습니다. 주일 설교 때 앉아 있는 여덟 명의 형제자매를 보면서 이 시간 하늘의 천사들이 숨을 죽인 채 이들을 축복한다는 생각이 들었습니다. 말씀을 귀로 듣는 것이 아니라 가슴으로 듣고, 찬양을 입으로 하는 것이 아니라 마음으로 한다는 것은 이들을 두고 하는 말이었습니다.

주중에는 하얼빈 근교에 있는 아청이라는 도시를 방문했습니다. 아청에는 이전에 조선족이 많아 조선족 초등학교가 아홉 개나 되었지만, 지금은 하나만 남아 있습니다. 대부분 젊은이들이 경제활동을 위해 한국에 들어가서 그렇습니다. 그나마 남겨진 초등학교 한 곳도 학생과 교사 수가 같다는 말에 서글픈 마음이 들었습니다.

아청에서 평소 찾아가는 교회에 들어서니 50명이 넘는 농아 성도와 30명 정도의 조선족 성도가 감격스럽게 찬양하고 있었습니다. 그들의 찬양은 정말 놀라웠습니다. 건강한 성도들은 하늘이 울리도록 찬양하고 다른 한쪽에서는 농아 성도들이 앞에서 인도하는 분을 따라 온몸으로 찬양하고 있었습니다. 이들은 모두 평일인데도 휴가를 내어 집회에 참석했습니다. 반갑게 맞이하는 목사님 부부와 잠시

인사를 나누고 우리가 믿는 신앙이 무엇인지 한 시간 동안 말씀을 가르쳤습니다. 말씀마다 예배당이 떠나갈 정도로 "아멘"으로 응답하는 조선족 성도들, 손가락을 하늘에 그려가며 반응하는 농아 성도들, 그들의 눈을 바라보며 한 마디라도 알아듣지 못하는 말이 없도록 간절하게 기도하는 마음으로 말씀을 전했습니다.

제가 섬기는 교회의 권사님들과 많은 성도님이 정성껏 준비한 목도리를 농아 성도들이 원하는 색상대로 하나씩 목에 걸어 주었습니다. 세상에 장갑 하나, 목도리 하나에 이렇게 기뻐하는 사람들을 어디에서 만날 수 있을까요? 엄지손가락과 두 손을 연신 움직이며 무엇인가 소리를 내면서 마음을 표현합니다. 엄지손가락을 세웠다가 구부리면 감사하다는 말입니다. 위로 세운 왼손 검지손가락을 오른손으로 잡고 오른손 검지손가락을 세우면 하나님께 감사하다는 고백입니다. 수화를 전혀 모른다 해도 이 귀한 분들의 마음을 이해하는 데는 아무런 문제가 없습니다. 한 마디 말을 하지도 듣지도 못한다 해도 한없이 미소 짓는 이들을 보면서 저도 하늘의 기쁨을 노래합니다.

소박하게 준비한 식사이지만 그들은 평소에 잘 먹지 못하는 음식이기에 연신 고마워합니다. 그들의 눈물을 보면 아무리 음식을 삼키려 해도 잘 넘어가지 않습니다. 부디 하나님께서 이들에게 소망이 되어 주시길 기도하면서 차마 떨어지지 않는 발걸음을 뒤로하고 언제 다시 만날지 모를 인사를 나눕니다. 세월의 무게만큼 아픔의 무게를 지고 살아가고 있지만 환한 미소로 배웅하는 그들을 바라보며 저도 서툰 수화로 고마움을 표현하며 길을 떠납니다. 아픔도 많지만 하나님 앞에서 살아가는 삶이란 한없이 아름답습니다.

설국에도 봄은 오듯

1.

섭씨 영하 33도
하얼빈은 얼어 있다
비행기에서 내려다본 하얼빈은
그야말로 설국이다

얼어붙은 대지
얼어붙은 사람들의 마음
복음마저 얼어붙은 땅을 바라보며
하늘의 아버지께 간구한다

생명의 하나님께서
봄이 오면 얼어 있는 땅에 새싹을 틔우시듯
복음의 바람을 일으키시어
죽은 영혼들이 살아나고
살아난 영혼들이 거룩한 제자로 일어나

하얼빈에 진리의 햇살이 스며들게 하시고
북방의 지역마다 복음의 봄빛이 찾아오게 하시고
중국인의 가슴마다 예수의 보혈이 흘러
대륙이 닿는 마지막 땅까지
그리스도의 푸른 계절이 찾아오게 하소서

2.

아침에 문을 열면
코끝으로 스며드는 바람
나그네를 맞이하는 하얼빈의 첫 인사다

호흡을 크게 할수록
폐부 깊숙이 스며드는 북녘의 기운에
숨은 가쁘지만 머리는 맑아 온다

3.

조선족 고등학교에서는
세종대왕의 한글창제를 가르치고
30만 수나라 대군을 살수로 몰아넣은 을지문덕과
10만의 요나라 대군을 귀주에서 물리친
강감찬의 정신을 배운다
꿋꿋하게 서 있는 교정의 푸른 소나무
이국땅에 서 있으나 조선의 피가 흐른다

민족의 아픔을 품어 왔던 하얼빈
어린 시절부터 예수님을 따랐던 민족의 투사
안중근의 피가 서려 있는 곳
억압받는 민족의 해방을 향해
하얼빈 역에서 이토 히로부미를 향해 총을 쏘았던 그는
조선 민족의 해방을 위해
32살의 젊음을 던졌다

역사의 애환을 품고 흐르는 송화강
눈물이 쌓이면 강이 되는가
얼음 밑에서 소리조차 내지 못하고
흐르는 강물

4.
동토의 땅에 복음의 빛을 갈망하며
모여드는 젊은이들이 있다
밤새도록 흔들리는 기차를 타고
주일 예배에 참석하는 젊은이
온몸을 앓으면서도 초롱초롱한 눈빛으로
훈련에 참석하는 젊은이들

세 평도 되지 않는 방안에서
소리를 죽이며 부르는 찬송가
나지막한 기도에도 땀을 흘리는 사람들
유리창살은 얼음으로 덮여 있어도
온 방에 퍼지는 거룩한 열기

나는 말로써 진리를 가르치나
저들은 삶으로 진리를 증명한다

평범하게 가르치는 한 마디라 해도
지상에서 듣는 마지막 말씀처럼
귀로 듣고 마음으로 새기는 사람들

배움은 변화가 되고
변화는 삶이 된다

5.
얼어붙은 대지 위에서
발걸음이 미치는 곳마다
눈이 가는 끝까지
잃어버린 영혼의 그림자를 바라보며
하늘을 향해 기도한다

하늘의 아버지여
겨울이 지나고 봄날이 오면
강물이 풀리고 물살이 소리치면
갇힌 민족의 가슴에 복음이 깃들고
강물이 스며드는 곳곳마다
십자가의 피가 흐르게 하소서

숨죽인 땅에 봄빛이 내려앉을 때
새싹이 돋아나고
바람으로 가득한 하늘에
새들이 무리 지어 나는 날
하얼빈의 얼어붙은 가슴에
성령의 봄바람이 불게 하소서
동토의 영혼들을 녹여 주소서

검은 하얼빈의 얼굴에
하늘의 은혜로 햇살이 내려
영혼과 가정에 생명의 강물이 터지고
그 강물 온누리에 흘러가
생명의 싹으로 나타나소서

거대한 땅 곳곳마다
복음의 강물에 적시게 하시고
영혼을 향한 하나님의 음성에 귀가 열리고
세계를 향한 하나님의 마음에 눈이 열리게 하소서

아버지여
하얼빈 땅 위에 은혜를 내리소서

이 민족에게 자비의 강물을 보내시어
하나님을 아는 지식이
거센 강물처럼 일어나게 하시고
아버지를 찬양하는 소리가
장엄한 폭포처럼 임하게 하소서

아버지여
중국 땅을 축복하셔서
하나님의 나라가 이 땅에 임하는 날까지
하나님이 찾으시는 마지막 한 사람
아버지의 품으로 돌아오는 날까지
영혼을 향해 잠들지 않는 민족이 되게 하소서
말씀을 향해 전진하는 큰 나라가 되게 하소서

트렁크 가득
행복을 싣고

오래전에 특별한 전화를 받았습니다. 새해가 시작되는 1, 2월 중에 부흥회를 인도해 달라는 요청이었습니다. 안타깝게도 그 무렵 저는 1월엔 중국 선교지에서 한 달을 머물러야 했고, 2월엔 이미 부흥회 일정이 빼곡히 차 있었습니다. 저는 요청해 주신 분께 죄송하다 말하고 전화를 끊었습니다.

몇 주 후에 그분에게서 다시 전화가 왔습니다. 이번에도 부흥회 인도 요청이었습니다. 그전에 말씀하신 부흥회라서 의아했지만, 정중하게 다시 양해를 구했습니다. 한 달이 지나고 또 같은 분에게서 연락이 왔습니다. 같은 부흥회에 세 번째 인도 요청을 받았습니다. 사정이 있다고 세 번이나 거절을 하면서, 이렇게까지 부탁하는 이유를 물었습니다.

"부흥회 부탁하면 올 사람이 많을 텐데 왜 아무것도 아닌 저 같은 사람에게 이렇게 여러 번 부탁하십니까?"

"교수님이 아니면 오실 분이 없어요. 사실 너무 시골이라 성도도 얼마 없고, 제대로 사례를 드리기도 어려워서요."

사례하기 어려운 시골이라는 말에 귀가 번쩍 뜨였습니다. 교회 위치를 물었더니 전라북도 진안이라고 했습니다. 다섯 교회가 연합해서 부흥회를 하는데, 해마다 부흥회 강사를 모시기가 어려워 2년에 한 번씩 한다고 설명했습니다. 성도가 몇 명이나 되는지 물었더니 30-40명 되는 교회랍니다. "그만하면 큰 교회지요"라고 했더니 다섯 교회가 다 모이면 그 정도라고 했습니다.

부흥회를 언제 하는지 물었더니 금, 토 오후 4-6시와 주일 오전과 오후라고 합니다. "금요일과 토요일은 밤에 모여야지 왜 오후에 모입니까? 직장인들이 올 수 있습니까?" 하고 물었습니다.

"사실 직장인이 없습니다. 농촌이라 모두가 할아버지 할머니들입니다."

"연세가 어떻게들 되십니까?"

"70세 정도…."

그 말에 제가 성급하게 "요즘 70세면 정정합니다" 했더니, 말이 끝난 것이 아니었습니다.

"네, 70세 정도면 젊은 측에 속합니다."

참 난감한 상황이었습니다. "어르신들에게 제가 무엇을 전할 수 있겠습니까?"라고 묻자, 바로 그것이 저를 초청하는 이유라고 대답했습니다.

"예수 그리스도의 복음을 전해 주십시오. 시골 사람들이기는 하지만 그리스도의 복음에 메말라 있습니다. 예수님 설교를 듣기 원합니다."

그러고는 한마디를 덧붙였습니다.

"가난한 시골이라 드릴 것은 없어도, 여기는 고구마가 많이 납니다. 마음껏 드실 수 있을 겁니다."

이렇게까지 세 번이나 요청해 준 교회라면 가야겠다는 결심이 섰습니다. 집회 일정이 잡혀 있던 다른 교회에 양해를 구하고 시골 교회 부흥회에 가겠다고 약속을 했습니다.

차를 몰고 진안에 도착하니 교회 마당에 거대한 야외 솥이 걸려 있고 대추차가 김을 모락모락 내면서 끓고 있었습니다. 그 깊은 대추차 향기를 맡으며 행복한 모습으로 성도님들과 인사를 나누었습니다. 성도님들은 부흥회를 한다고 떡을 만들고, 어르신들은 제각기 나와서 교회를 청소했습니다.

부흥회를 인도하면서 어르신들의 순수한 신앙에 제가 참 많은 은혜를 입었습니다. 토요일 집회를 마치고 나니 93세 되신 장로님이 나오셔서 받은 은혜를 나누어야겠다며 반주도 없이 찬송을 부르셨습니다.

예수님이 좋은 걸 어떡합니까
예수님이 좋은 걸 어떡합니까
세상에 어떤 것도 비길 수 없네
예수님이 좋은 걸 어떡합니까

그 찬송은 사람을 울리는 가슴의 노래요, 하늘을 울리는 신앙의 고백이었습니다.

부흥회를 마치고 성도님들이 적게 드려 죄송하다는 말과 함께 사례비를 주셨습니다. 저는 내년에 더 좋은 분을 모시라고 돌려드렸습니다. 대신 성도님들마다 집으로 돌아가서 각종 농작물을 갖고 와 트렁크부터 뒷좌석까지 가득 실어 주셨습니다. 그날 저는 복음을 전해 드리러 갔다가 도리어 행복을 가득 싣고 돌아왔습니다.

오늘, 10년도 더 전에 찾아뵈었던 전라도 진안의 그 교회가 그립습니다.

성미

태백산맥 끝자락
아이들 소리 사라진 지 오래된 시골 교회
예배당 입구에 놓인
나무로 만든 조그만 성미함

주일이면 허리가 구부러진 할머니
힘겹게 계단을 올라
잠시 두 손 모아 기도드린 후
성미를 풀어 넣는다

하루 밥상도 되지 않는 성미
목사는 성미함을 열어
쌀벌레가 듬성듬성 기어 다니는 성미를
집으로 가져가 벌레를 고른다

쌀과 비슷해 구별이 잘 안 되는 쌀벌레를 골라 내면서
할머니를 위해 기도드리고
자신의 영혼에 기어 다니는 벌레를 골라 내 버리면서
무릎 꿇고 감사의 기도를 드린다

하나님, 아름다운 정경을 바라보고 계시리

아카시아

눈 감으면
태백산맥 끝자락
봄 풀 피어나는 강둑길
제멋대로 자라난 아카시아

한 여름날
지친 걸음으로 강둑 걸으면
엷게 부는 바람에도
즐거이 꽃잎 뿌리며
푸른 향기 품어 내던 아카시아

오늘
이국땅에도 한여름 햇살 내리는데
아카시아 그늘에 앉아
어머니의 얼굴도
그리운 사람도 그려 본다
아카시아 꽃잎마다

Part 2

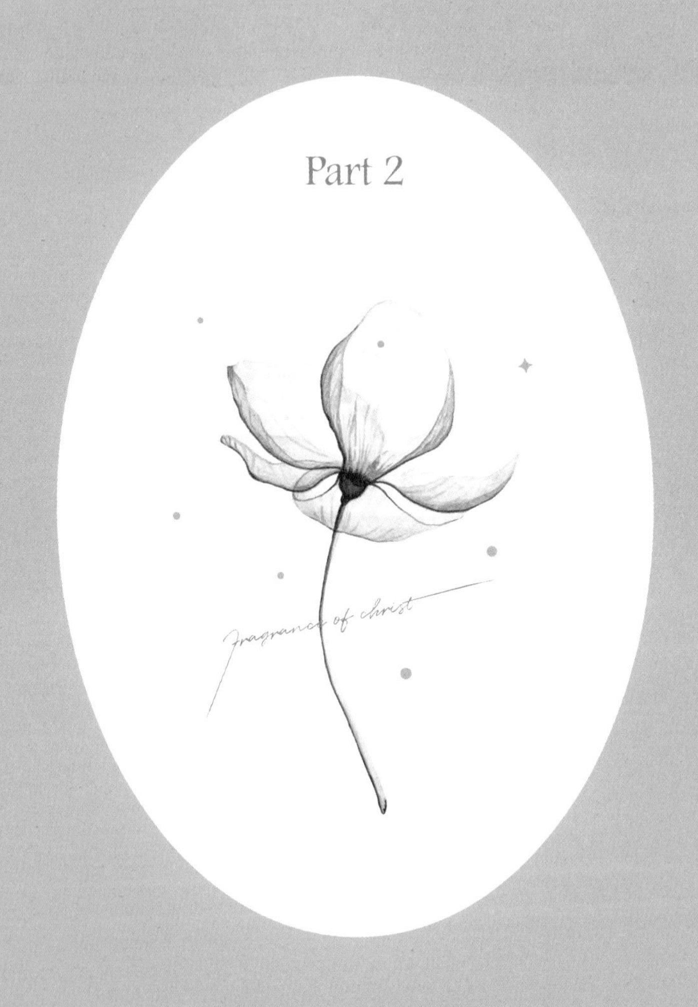

향기는 온 세상에
가득하다

들꽃처럼
살게 하소서

미국 버지니아 주에 있는 셰넌도어국립공원에 올랐을 때였습니다. 차로 두 시간 반이나 달려야 하는 먼길이었지만, 주변의 아름다운 풍경에 감탄하며 가다 보니 한 시간도 채 걸리지 않은 느낌이었습니다. 저는 오랜 세월 시골에서 자랐기 때문인지 눈앞에 펼쳐지는 자연의 모습 하나하나를 보니 고향의 산과 들이 떠올랐습니다. 푸른 하늘에 낮게 내려앉은 하얀 구름은 하나님이 반기시는 선물처럼 느껴졌습니다.

존 덴버(John Denver)의 노래 "Take Me Home, Country Roads"가 절로 흘러나왔습니다.

Almost heaven West Virginia, Blue Ridge Mountains

Shenandoah river

(천국 같은 곳 웨스트 버지니아, 블루리지산맥과 세넌도어강)

참 아름다운 노랫말입니다. 존 덴버의 감미로운 목소리를 들으면 누구든 고향을 떠올릴 것입니다. 그러나 지상의 그 어떤 시인이 천상의 아름다움을 충분히 담아낼 수 있겠습니까?

산을 앞에 두고 있는 아담한 식당에 들러서 점심을 주문했습니다. 식당 밖에 있는 의자에 앉아 있는데 연세가 지긋하신 분이 식탁을 정성스럽게 물걸레로 닦고 있기에 물었습니다.

"선생님이 이 식당의 주인이신가요?"

"아니요, 이전에는 저였는데 지금은 제 아들이 주인이에요."

곳곳에 십자가 문형이 보이기에 다시 물었습니다.

"선생님은 크리스천이신가요?"

"네, 맞습니다. 시골 교회에서 가끔 설교를 하기도 해요. 그런데 우리 교회 목사님은 저분이세요."

식당 건물 위에서 망치를 들고 일하고 있는 분을 가리켰습니다.

"평일에는 성도들을 돌아보며 필요한 일을 하고 주일에는 교회를 섬기지요."

그의 허리춤에는 연장이 가득한 벨트가 있고 능숙한 모습으로 지붕을 고치고 있었습니다. 목수의 아들로 땀흘려 망치질하셨을 예수님의 모습이 떠올랐습니다. 어르신은 아주 자랑스럽게 목사님을 칭찬했습니다.

"우리 목사님은 게을러 본 적이 없으세요. 정말 부지런해요."

한국이든 미국이든 인심 좋고 사랑이 넘치는 시골 교회의 모습이 눈에 선하게 떠올랐습니다.

"교회는 어디에 있나요?"

"여기서 멀지 않은 곳이에요. 몇 명 안 되는 조그만 시골 교회지요. 이전에는 성도가 50명 정도였는데 이제 늙은이는 하나둘 하늘로 떠나고, 젊은이들도 하나둘 세상으로 떠났어요."

요즘은 예수님을 믿는다는 말의 의미가 너무나 다양하기에 가벼운 어조로 물었습니다.

"선생님은 예수님이 구원에 이르는 유일한 길이라는 것을 믿으세요?"

"당연하지요, 예수님 외에 구원 얻을 다른 길은 없습니다."

그러면서 자신의 기도 생활에 대해서 들려주었습니다.

"예수님은 바로 곁에 계시지요. 이곳을 보아도, 저곳을 보아도 늘 나의 기도를 듣고 계시니까 항상 친구처럼 주님과 대화를 주고받는답니다. 난 주님이 참 좋아요."

그 소박한 고백이 어떤 감동적인 신앙고백보다 더 위대하게 들렸습니다. 제 마음을 전하기엔 턱없이 부족했지만, “저도 그렇답니다” 하고 맞장구를 쳤습니다. 끝이 날 것 같지 않은 대화에 음식은 많이 식었지만, 이보다 더 행복한 여행이 어디에 있겠습니까?

산을 오르다 보니 이름 모를 들꽃들이 길마다 나지막하게 피어 나그네를 반겼습니다. 봄이면 그윽한 향기로, 여름에는 파릇한 생기로, 가을과 겨울이면 고요한 빛으로 바라보는 사람에게 즐거움을 선물하는 들꽃. 바람이 불면 조금의 저항도 없이 흔들리고, 내리는 비에 온몸을 적시고, 산 중턱 한 곳에 이름 모를 꽃으로 생명을 틔운 들꽃. 그 들꽃을 보면서 유안진의 “들꽃 언덕에서”라는 시가 떠올랐습니다.

> 들꽃 언덕에서 알았다
> 값비싼 화초는 사람이 키우고
> 값없는 들꽃은 하느님이 키우시는 것을
>
> 그래서 들꽃의 향기는 하늘의 향기인 것을

산길을 내려오면서 주님께 간곡히 부탁드렸습니다.

“주님, 나의 삶이 들꽃 같기를 원합니다. 화려한 꽃잎은 아니라 해도 소박한 향기로 지나가는 사람의 걸음을 잠시 멈추게 하는 들꽃. 어린아이라도 잠시 앉아서 눈을 마주하며 행복한 미소를 짓게 하는 들꽃. 누군가 찾아 주지 않는다고 해도 피어 있는 자리에서 달빛 내리는 고요한 저녁에 꽃 한 송이 피워 창조주께 감사의 찬미를 드리는 들꽃이 되게 하소서."

셰넌도어

가을날
셰넌도어

살며시 내린 운무
속살 감추고 조용히 누워
지나는 바람에
옷고름 푸는 산

봄꽃 피어나듯
온 산 퍼져 가는 단풍

발걸음 드문 길로
한 걸음씩 옮길 때마다
나는 단풍 속으로 들어가고
내 영혼도 가을 운무 속에
단풍잎처럼 물들어 간다

세속으로 나가는 출구를 잃어버렸다

주님이 계신 곳이
봄이다

모든 시대, 모든 사람이 추구하는 한 가지 삶의 목적이 있다면 행복일 것입니다. 성 어거스틴이 남긴 말입니다.

"모든 인간은 어떤 형편에 처해 있든 행복을 갈구한다. 행복을 갈망하지 않는 사람은 아무도 없다. 그 무엇도 이보다 더 간절한 것은 없다. 다른 것을 갈망하는 사람도 결국 목표는 이것뿐이다."

17세기 철학자 파스칼도 이렇게 말했습니다.

"모든 인간은 행복을 추구한다. 예외가 없다."

행복을 추구하는 것은 누구라도 할 수 있지만 모두가 행복을 경험하는 것은 아닙니다. 많은 사람이 행복의 제1조건으로 물질을 듭니다. 《백년을 살아 보니》에 보니 그 고상한 철학자 김형석 교수님도 젊을 때는 돈을 위해 일했다고 고백합니다.

한국 사회는 행복이라는 선로에서 벗어나 달려가는 기

차처럼 보일 때가 있습니다. 상대적인 행복을 추구하면 결국 인생은 상대주의라는 거대한 괴물에 잡아먹히고 맙니다. 이 괴물은 아무리 채워도 만족을 모릅니다. 이민 사회도 마찬가집니다. 여기에서 사는 한국 사람들은 유학 때문이든, 자녀 교육 때문이든, 직장 때문이든 다양한 이유로 고향을 뒤로하고 미국에 왔습니다. 그런데 이민 사회에 적응하면서 끊임없이 다른 사람들과 내 형편을 비교하며 살아갑니다. 그러다 보니 행복을 위해 성취하고 싶은 인생의 목적을 갖고 왔는데 행복하지가 않습니다.

우리는 충분히 돈을 벌고, 아이들이 잘 자라나고, 남들보다 성공하면 행복하리라 생각합니다. 그러나 원하는 것을 이룬다 해도 인생의 어느 순간 깨닫는 것이 있습니다. 가을날 낙엽이 거리에 날릴 때, 서녘 하늘에 황혼이 찾아올 때, 가슴 깊숙이 비어 있는 외로움과 공허감을 피할 수 있는 사람은 아무도 없습니다. 파스칼은 그 이유를 이렇게 설명합니다.

"우리 마음에는 하나님만이 채우실 수 있는 빈 방이 있다."

행복을 추구하는 것은 자연스러운 일이지만 하나님 없는 행복을 추구하는 것은 어리석은 일입니다. 바다에서 마실 물을 찾는 것이나 마찬가지입니다. 나를 창조한 하나님을 떠나서 누릴 수 있는 행복과 평안은 없습니다. 우리가 인정하든 하지 않든 이것이 사실입니다.

예수님을 만난다는 것은 자연인으로 살아가는 인생에 혁명과 같은 변화를 가져옵니다. 예수님이 흘린 십자가의 피가 내 영혼을 살리기 위해 쏟으신 희생이라는 것을 알게 되는 순간 우리는 과거와 전혀 다른 삶을 시작합니다. 내 중심으로 달리던 인생에서 예수님을 향해, 그리고 타인을 향해 달리는 인생이 됩니다.

기독교 신앙은 과거에 일어난 십자가를 바라보며 감사의 눈물로 끝나는 종교가 아닙니다. 십자가를 넘어 현재와 미래에 펼쳐질 부활의 감격과 환희를 바라보며 살아가는 것입니다. 진리 자체를 추구하는 것입니다. 십자가의 은혜와 부활의 감격을 가슴에 새길 때 나타나는 반응이

있습니다. 그토록 추구했던 행복이 이미 가슴 속에 채워져 있다는 사실을 깨닫는 것입니다. 예수님을 만난 신자라면 행복에 대해 이렇게 외칠 것입니다.

"하나님을 떠나서는 어디에도 행복은 없다. 하나님 안에서는 어디라도 행복하다."

하나님은 우리를 사랑하셔서 주님의 아들딸로 삼아 주셨습니다. 그뿐만 아니라 세상에서 가장 행복한 사람으로 세워 주셨습니다. 상대적인 가치를 누리기 때문이 아니라 예수 그리스도를 소유했기 때문입니다. 그리스도인이란 세상이 다 사라져도 열려 있는 하늘을 바라보고 여유로운 미소를 지으며 나는 행복한 사람이라고 고백할 수 있는 사람들입니다.

당신이 봄입니다

얼어붙은 개울 아래
생명을 깨우는 물소리 들려오면
숲이 펼치는 기지개에
나뭇가지 끝마다
새싹이 고개를 내밉니다

매화꽃 떨어지고
벚나무 꽃몽우리 틔우는 봄날

따스한 햇살 내리는 잔디밭에 앉아
길가에 뛰어노는 아이들 소리 들으며
푸르러 가는 들녘을 바라봅니다

지난겨울은 참 힘겨웠습니다

오늘 세상 가득히 봄 오는 날
오랜 겨울 인내한 참새 무리들
포로롱 날아다니며 지저귀는 소리가
어린아이 해맑은 미소를 닮았습니다

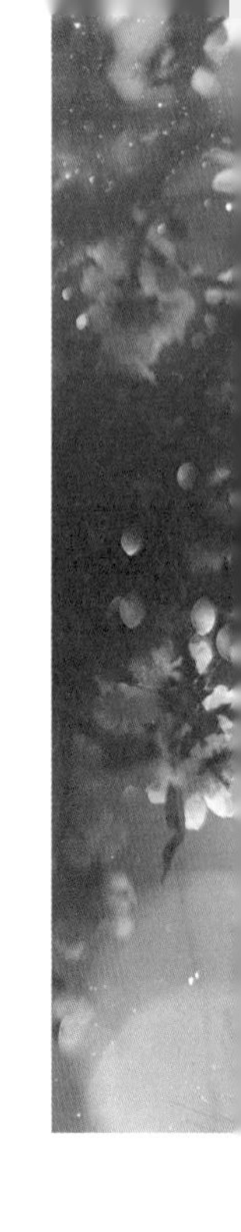

하나님 하늘에 계시고
따스한 바람 들녘에 가득하니
땅에서도 하늘을 향해 부르는
감사의 노래 울려 퍼집니다

주님, 당신이 계시는 곳이 봄입니다
당신이 봄입니다

새

새 한 마리 뜰에 날아와
나와 눈을 마주한다

끝없는 하늘을 날아온 새
내게 들려주고 싶은 이야기가 얼마나 많겠는가

하늘과 숲속의 이야기들을
끝없이 들려주고 있는데

알아듣지 못하는 내가
측은해서 그런가

가슴 속 새겨진
사연 때문인가

새 눈 가득히 눈물 고였네
나도 왠지 모를 눈물 고였네

삶이 시가 되는 사람

학창 시절에 민태원의 "청춘예찬"을 읽었습니다. 저 역시 청춘의 들끓는 가슴으로 읽었던 기억이 납니다. 비슷한 느낌의 글이 있다면 제시 스튜어트(Jesse Stuart)가 쓴 "If I were seventeen again(내가 다시 열일곱 살이 된다면)"이라는 제목의 영어 수필이 있습니다. 다시 돌아오지 않는 청춘을 순간이라도 귀하게 여기고 의미 있게 보내라는 인생 선배들의 조언은 시대와 장소를 넘어 공감을 불러옵니다.

가을 들녘에 연기처럼 사라져 버린 젊은 날에 대한 아쉬움으로 과거를 떠올립니다. 짧게 주어지는 청춘은 인생의 황금기이지만 훨씬 더 소중한 것은 오늘의 삶입니다. 아직도 호흡하고 있다면 우리에게는 걸어가야 할 길이 있고, 지상에서 두 발을 딛고 서 있는 오늘이 우리가 누리는 가장 아름다운 선물입니다. 우리 인생 최고의 날은 매일 새롭게 만들어 가는 오늘입니다.

삶 가운데 찬양할 만한 소중한 것이 참 많습니다. 기대한 것을 이루었을 때 얻는 만족감은 신자든 불신자든 모두가 누리는 보람이요 기쁨입니다. 하늘과 땅에 충만한 모든 자연은 그 자체가 노래의 대상입니다. 그러나 인생에서 최고의 예찬이 있다면 누구에게나 주어진 삶 자체입니다. 하나님은 사람마다 고귀하게 창조하셨고 누구에게나 고결한 가치를 부여하셨기 때문입니다.

하나님이 만드시고 미소 짓고 기뻐하셨다면 인생의 가치를 다른 곳에서 찾을 필요가 없습니다. 연약함 투성이의 불완전한 사람이라 해도 장엄한 하늘의 태양보다 소중한 존재입니다. 창조주의 눈으로 바라보면 사람 자체가 존재하는 것 중 최고로 아름다운 대상입니다. 이름을 가진 사람마다 위대함을 소유한 존재입니다. 창조주 하나님 앞에서 자신을 발견한 사람은 타인을 향한 가치뿐 아니라 자신도 새로운 눈으로 바라봅니다.

인생에 대한 예찬은 세상의 모든 것을 아름답게 만듭니다. 미셸 투르니에가 묘비명에 남긴 글입니다.

"내 그대를 찬양했더니 그대는 백배나 많은 것으로 갚아 주었다. 고맙다, 나의 인생이여!"

삶의 모든 부분은 감탄할 것으로 가득 차 있습니다. 어느 자연주의자가 이런 말을 했다고 합니다.

"아침과 봄에 얼마나 감동하는가에 따라 당신의 건강

을 점검하라. 자연의 깨어남에 대해 당신 안에 아무런 반응이 일어나지 않는다면, 이른 아침 산책에 대한 기대와 설렘으로 잠을 떨치고 일어날 수 없다면, 첫 새의 지저귐에 전율을 일으키지 않는다면, 눈치 채라. 당신의 봄과 아침은 이미 지나가 버렸음을."

삶의 소중함을 깨닫는 사람에게는 경탄을 자아내지 못하게 하는 자연은 한 조각도 없습니다. 겨울을 인내하고 몰아치는 바람을 이겨 낸 벚꽃이 화사한 꽃잎을 발하는 것을 보는 것은 아름다움을 넘어 신비라는 것을 생각하게 합니다.

아무렇게나 피어나는 길가의 풀포기 하나도, 제멋대로 발에 채이는 돌멩이 하나도 가만히 들여다보면 제각기 아름다움을 지닙니다. 만물에 깃들인 하나님의 아름다운 흔적을 발견한 윌리엄 브레이크(William Blake)는 "Auguries of Innocence(순수의 전조)"라는 시를 이렇게 시작합니다.

> To see a World in a Grain of Sand,
>
> And a Heaven in a Wild Flower
>
> (한 알의 모래 속에서 세계를 보고,
>
> 한 송이 들꽃 속에서 천국을 본다)

존재하는 모든 것, 사라져 가는 모든 것은 아름답습니

다. 그 아름다움은 하나님이 만드신 창조의 신비를 향한 사랑의 프리즘을 통과할 때 나타나는 색채입니다. 그 사랑을 바라보는 사람에게서는 감격의 샘물이 흐르고 감사의 노랫가락이 터져 나옵니다.

그 노래가 가슴에 새겨지면 장미꽃 한 송이에 가던 길을 멈추고, 어린아이 조그만 웃음에 세상의 욕심과 두려움을 던져 버립니다. 길거리에 힘겹게 앉은 사람에게 따스한 손을 내밀고, 노인의 깊은 주름에 경건한 고마움으로 머리를 숙입니다. 나를 중심으로 살아오던 인생이 주님을 향한 인생으로 변화되고, 주님을 향한 삶은 나아가 타인을 향한 인생으로 나타납니다. 나를 잃어버림에 아쉬워하지 않고 그분을 얻음에 만족합니다. 그런 사람은 시인이 됩니다. 글로 쓰는 시인이 아니라 삶 자체가 시가 되는 사람입니다.

감사 기도

동이 트는 아침 햇살 아래
인적이 드문 들길 걷다가
사방에 지저귀는 새소리 들으며
발끝으로 스며드는 촉촉한 이슬에
걸음을 멈추고 떠오르는 해를 바라봅니다

바람에 흔들리는 코스모스 몸짓
가볍게 날며 꿀을 따는 벌들
고요히 물들어 가는 단풍
숲을 가로질러 흐르는 냇물
보이는 것마다 창조주의 손길이 스며 있기에
하늘을 향해 감사를 드립니다

사랑할 수 있는 가족
대화할 수 있는 친구
땀 흘려 일할 수 있는 일터
누울 수 있는 평안한 잠자리
섬길 수 있는 교회가 있음에 감사합니다

앞길이 안 보이는 어두운 뒤안길에서도
당신의 지팡이가 나를 인도하시고
연약한 자신의 모습에 아파할 때도
여전히 아픔을 치유하고 계시는 주님

주님은 참 자비하신 나의 하나님이십니다

땅 위에 주어진 날 동안
자랑할 만한 것 하나 갖추지 못해도
포근한 날개로 나를 껴안아 주시고
너는 내 것이라, 말씀하시니
오늘도 눈앞에 펼쳐진 아름다운 세상에서
당신을 향해 감사의 노래를 부릅니다

세상은 하나님의 장엄함으로 충만하네

높고 푸르러 가는 가을 하늘을 보고 있으면 제라드 맨리 홉킨스(Gerard Manley Hopkins)의 "하나님의 장엄함(God's Grandeur)"이라는 시가 떠오릅니다. 시는 이렇게 첫 행을 시작합니다.

> The World is charged with the grandeur of God
>
> (세상은 하나님의 장엄함으로 충만하네)

하나님의 장엄함은 꽃을 찾아 분주하게 날갯짓하는 벌들에게나 바람에 실려 하염없이 날아다니다 이름 모를 땅에 내려 기어이 한송이 꽃을 피우는 민들레 홀씨에도 새겨져 있습니다. 이처럼 온 세상 만물에 깃든 하나님의 장엄함은 탁월한 언어의 능력을 지닌 시인의 눈에만 보이는 것이 아닙니다. 하나님이 이 세상을 창조하셨다는 사실을 믿는 사람에게는 누구에게라도 이 장엄함이 보입니다. 이글거리는 태양의 불덩이가 온 우주 공간을 거쳐 오면서 따스한 햇살이 되어 포도알 끝에 내려 단맛이 스며들게 하는 것을 관찰할 줄 아는 사람에게 장엄함이란 온갖 단어 중 하나가 아니라 가슴을 떨게 하는 경이로움이 되기도 합니다.

엘리자베스 브라우닝(Elizabeth Browning)은 "오로라 리(Aurora Leigh)"라는 시에서 노래합니다.

> Earth's crammed with heaven,
>
> And every common bush afire with God,
>
> But only he who sees takes off his shoes
>
> (세상은 하늘로 가득 차 있고
>
> 널려 있는 덤불도 하나님으로 불타오르네
>
> 그러나 이것을 볼 수 있는 사람만 신을 벗는다네)

이런 장엄함은 자연과 삶에 대한 경탄을 자아내게 하고 삶을 의미와 기쁨으로 차오르게 합니다. 내가 서 있는 이곳이 세상에서 가장 아름다운 자리요 기쁨이 넘쳐 나는 땅이라는 것을 깨닫게 합니다.

아무렇게 피어난 들꽃 하나도 솔로몬의 옷보다 아름답고 무작정 지저귀는 하늘의 새소리도 어떤 교향곡보다 감미롭게 들립니다. 이런 눈과 귀를 가진 사람은 사람이 만들어 낸 위대한 업적이 아니라 사람이라는 영광스런 존재에 감탄합니다. 세상이 제아무리 장엄하다 해도 하나님의 형상을 따라 만들어진 인간에 비하면 태양 앞에 화려한 샹들리에 빛에 불과합니다.

지상에서 존재하는 날 동안 우리 가슴이 이런 장엄함에 물들기를 바랍니다. 그러면 우리 영혼은 즐거이 삶을 노래할 것이요 마침내 진흙 인생에 생기를 불어넣어 호흡을 주신 하나님을 찬양하게 될 것입니다.

어그러진 세상을 보든, 거울 앞에서 무너진 자신의 모습을 보든 우리는 절망의 무게보다 언제나 저울추가 조금 더 기울어져 있는 희망의 날개를 바라볼 것입니다. 허물로 범벅된 인간이나 어그러진 세상에 아파한다 해도 소망의 노래를 조금도 그칠 필요가 없는 것은, 여전히 세상의 지휘봉은 하나님의 손에 있기 때문입니다.

제라드 맨리 홉킨스는 "하나님의 장엄함"의 마지막을 이렇게 맺습니다.

Because the Holy Ghost over the bent

World broods with warm breast and with ah! bright wings

(구부러진 세상 위로 성령이

따스한 가슴과, 아! 빛나는 날개로 품고 있기에)

1789년, 하이든(Franz Joseph Haydn)은 3년에 걸쳐 "천지창조(The Creation)"를 완성했습니다. 오스트리아 빈에서 1시간 50분의 공연이 끝났을 때 천상의 소리에 모든 사람이 하이든을 향해 박수를 보냈습니다. 노장의 하이든은 박수를 중단시키고 손가락으로 하늘을 가리켰습니다. "천지창조"의 마지막 구절입니다.

주의 영광 그 공로, 영원히 노래하라 우리 주를, 아멘

"깊어 가는 이 가을날 주님 앞에 비오니, 부디 우리 삶이 하늘의 장엄함으로 차오르게 하소서."

당신은 늘 그리 웃나요

긴 여정에 지친 몸
노르웨이의 한 산장에 들어서니
웃음이 호탕한 젊은 남자가
오랜 손님처럼 반겨 맞는다

이방인을 맞이하는 인사인가
새 한 마리 날아와 창가에서 노래한다

해질녘 하늘이 붉게 물들 때
꿀벌들이 집을 찾느라 날갯짓이 빨라진다

민들레꽃을 몇 송이 꺾어
산을 타고 내려가는 바람을 호흡하며
두 손을 크게 벌려 감사의 기도를 드린다

동양에서 오는 손님을 그리워했다는
산장 주인이 정답게 묻는다
당신은 늘 그리 웃나요?

나는 환하게 웃었다

인생

그토록 소중한 이름
한두 번 부르고 나면

죽음은 다가와
손 내밀고 있으니

그대여

그날
너무 아쉽지 않게

사랑할 수 있을 때
사랑하라

아쉬운 과거도 미래의 거름으로

켄터키의 한 선교단체 모임에 말씀을 전하러 갔을 때였습니다. 인디애나 대학교 학생 세 명, 케냐에서 온 청년 한 명과 함께 대화를 나눌 기회가 있었습니다. 미래가 창창한 청년의 특권은 무엇이든 꿈꿀 수 있다는 것이고 그만큼 질문도 다양합니다. 그 가운데 한 질문이 많은 것을 생각하게 했습니다.

"목사님, 우리와 같은 대학 시절로 돌아간다면 어떻게 사시겠습니까?"

제 삶을 돌아보면 부족하고 아쉬운 기억들이 먼저 떠오릅니다. 만약 20대로 돌아간다면 저는 어머니 아버지와 시간을 좀 더 많이 보내겠습니다. 대학교 1학년 때 예수님을 만난 후로 캠퍼스를 누비며 영혼 구원을 향해 달렸고, 방학이 되면 선교를 위해 낙도로 오지로 참 분주한 날들을 보냈습니다. 사람들 눈에는 늘 착한 아들로 보였지만 사실 부모님과 제대로 시간을 갖지 못한 채 20대를 보냈습니다. 이제 이 땅에서는 뵐 수 없는 두 분, 가족의 소중함을 떠올릴 때마다 부모님과 소중한 시간을 제대로 가져 보지 못한 세월이 너무나 아쉽습니다.

또 한 가지 아쉬운 것은 젊었을 때 저는 내면의 목소리에 솔직하게 반응하지 못했던 것 같습니다. 어렸을 때부터 고생하시는 부모님에게 착한 아들이 되어야 한다는 생각, 사람들의 기대에 걸맞은 모습을 보여야 한다는 생각이 저를 지배했습니다. 때로는 신자로서 하나님 앞에 정직한 자세로 살아가기보다 사람들의 시선을 의식하며 살았던 부끄럽고 어리석은 모습도 떠올랐습니다.

아픔의 흔적이든 보람의 기억이든 지나간 일은 돌이킬 수 없습니다. 지난 역사를 돌이키는 일은 마치 톱밥을 톱질하는 것과 같습니다. 흘러간 물로는 물레방아를 돌릴 수 없습니다. 그래서 어떤 과거라 해도 소중히 간직하고 미래를 향한 거름으로 삼는 것이 올바른 자세일 것입니다. 그래도 30년이나 더 살아 온 사람에게 진지하게 묻는 청년들을 위해 무엇인가 한마디라도 할 말을 찾아야 했습니다.

먼저 《지도 밖으로 행군하라》는 책 제목처럼 자신이 만든 울타리나 사람들이 기대하는 삶의 패턴에서 벗어나 자신이 정말 원하는 삶이 무엇인지 정직하게 파악하고 용기

있게 추구해 보라고 부탁했습니다. 그리고 이렇게 말했습니다.

"하나님 앞에서 치열하게 기도하고, 하나님의 영광을 위해서라면 무엇이든 하세요. 무엇보다 자기 마음의 소리에 귀를 기울이세요. 자신이 진실로 원하는 삶을 사세요."

물론 마지막에 다시 한번 한 단어를 붙였습니다.

"In Christ!"

마지막으로 청년들에게 부탁했습니다. 대학 시절 하나님 앞에서 생명을 바쳐도 좋을 만한 비전을 발견해서 그것을 위해 삶을 던지라고 당부했습니다. 선망의 대상이 되는 직업이나 대단한 꿈의 실천이 아니라, 한 번의 인생에 하나님이 주시는 비전을 발견하고 그것을 멋지게 이루어 드려야 함을 강조했습니다. 하나님이 진정 기뻐하시는 일이 우리 자신에게도 가장 기쁘고 보람 있는 일이기 때문입니다.

30년 전의 일을 돌이킬 수 없는 것은 3초 전의 일을 돌이킬 수 없는 것과 마찬가집니다. 아쉬운 과거는 밀려가는 파도에 떠밀어 보내야 합니다. 10년 후가 되면 오늘을 돌아보며 '10년 전으로 돌아간다면?' 하고 질문할지 모릅니다. 그때 아쉬움을 줄일 수 있도록 오늘부터 그 삶을 살아 내기 바랍니다. 돌아보면 아쉬움에 아파할 때도 많았지만 그래도 오늘까지 제 삶을 인도해 주신 주님께 참 고맙습니다.

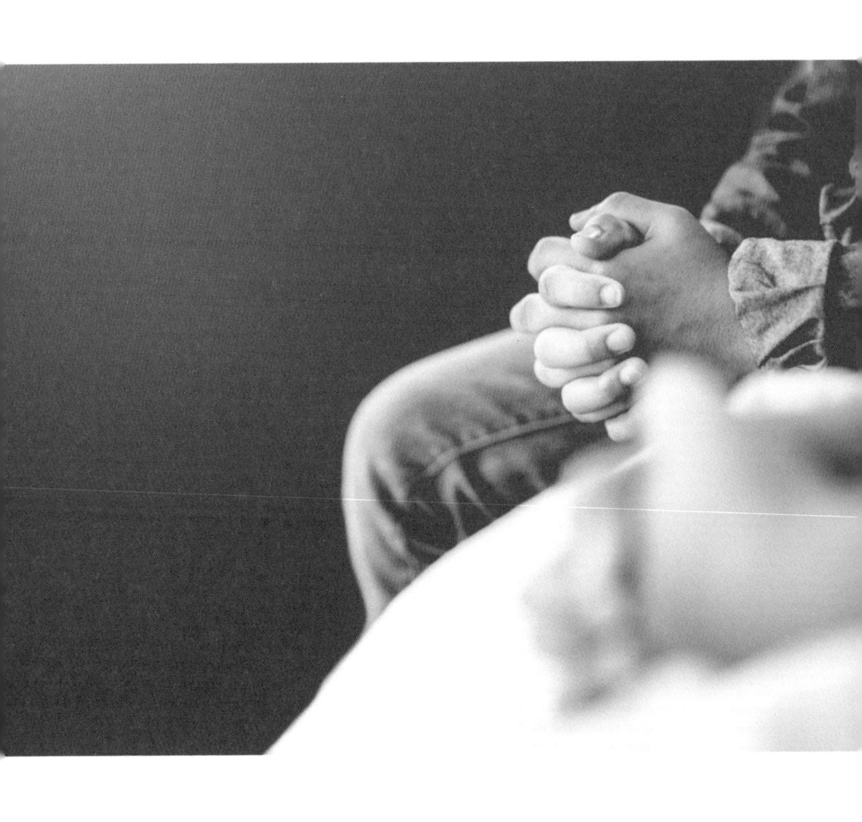

청보리 엄마

여름날
뜨거운 햇살 아래
머리 숙인 청보리

평생
큰소리 한번 쳐 보지 못한 엄마

바람이 불면 부는 대로 흔들리고
비라도 내리면 온몸으로 맞으며
여름날 청보리로 살아온 엄마

어느 한 여름
보리밭길 걸으며 하신 말씀

가슴을 펴라
앞을 보고 걸어라
약해도 당당한 보릿대처럼 살아라

더욱 사랑하리라

아침에 깨어나 커튼을 열면
단풍이 밤새 곱게 물들어 있다

노루 꼬리처럼 짧아지는 가을 햇살
차가워지는 밤기운이 길어지고 있다

해가 서산을 넘어가기 전에
찾아오는 산자나무의 그늘이 어둡다

그러면 하루 일을 마치고 집으로 돌아가는 사람들
발걸음이 더 분주하다

아름다운 단풍나무들 아직 고울 때
더욱 사랑하리라

아내여,
사랑할 시간이 많지 않다

친구여,
사랑할 시간이 얼마 남지 않았다

산을 다 담은 맑은 호수처럼

셰넌도어국립공원에 있는 루레이 동굴(Luray Caverns)을 방문할 기회가 있었습니다. 발을 디디는 곳마다 기이한 돌의 형체가 창조의 오묘함을 한곳에 모아 놓은 것 같았습니다.

가장 인상적인 장면은 동굴 위에서 거꾸로 매달려 자란 아름다운 종유석의 군상을 그 밑에 고인 물이 마치 쌍둥이처럼 담아내는 모습이었습니다. 맑은 호수가 산을 고스란히 담고 있는 것 같았습니다. 물이 얼마나 깊기에 저 높은 천장의 돌을 그대로 담아내는가 하고 자세히 살펴봤습니다. 그런데 고작 손바닥 깊이밖에 안 된다는 사실에 감탄이 터져 나왔습니다. 물이 천장의 웅장함을 그대로 담아낸 것은 넓거나 깊어서가 아니라 맑아서였습니다. 루레이 동굴에서 만난 새로운 단어는 '맑음'이었습니다.

사람들은 '넓음'이라는 단어를 좋아합니다. 학문이든

기술이든 잘 익히고 두루 경험하여 다양한 지식을 소유한 사람을 인정해 줍니다. 여러 사람과 두루 잘 사귀는, 성격 좋은 사람은 언제 만나도 기분 좋습니다. 사람들은 '깊음'이라는 단어도 좋아합니다. 연륜이 좀 쌓이다 보면 넓음보다 깊음에서 감동을 얻습니다. 긴 세월 비바람을 이겨낸 향나무가 간직한 향기란 넓음보다 깊음이 어울립니다.

설교자의 자세를 태양과 달에 비유하곤 합니다. 달은 스스로 빛을 내지 못합니다. 오직 태양이 비춰 주면 그 빛을 반사할 뿐입니다. 하나님이 태양이시라면 설교자는 달입니다. 하나님이 진리의 빛을 비출 때 설교자는 진리의 대언자가 되어 그 빛을 그대로 반사하면 됩니다. 설교자가 갖추어야 할 사명이 있다면, 구름 한 점 없는 맑은 달이 되는 것입니다. 그래서 태양이 마음껏 빛을 비추도록 하는 것입니다.

혹 뛰어난 설교로 사람들의 박수갈채를 받는다 해도 설교자는 우쭐할 것도, 자랑할 것도 없습니다. 순간이라도 태양이 빛을 감추면 달은 영원한 어둠에 묻힙니다. 부디 주님이 제 영혼을 구름 한 점 없는 달처럼 맑게 하시기를 기도합니다.

유경환 시인의 시 "호수"를 루레이 동굴에서 보았습니다.

호수가 산을 다 품을 수 있는 것은

깊어서가 아니라 맑아서이다

우리가 주님을 안을 수 있는 것은

가슴이 넓어서가 아니라 영혼이 맑아서이다

오 주님 내 영혼 맑게 하소서

주님 내 영혼 맑게 하소서

주님

내 영혼 맑게 하소서

한 가지 소원

하나님 나에게 한 가지 소원이 있습니다
나 비록 죄인의 몸으로 태어났으나
십자가 사랑으로 새 생명 얻었으니
순간마다 하나님 은총 찬양하게 하소서

하나님 나에게 간절한 기도가 있습니다
하나님 영광의 빛 한 줄기라도 보게 하시어
그 빛으로 내 영혼 하늘 기쁨으로 넘쳐
종일토록 하나님 이름을 노래하게 하소서

하나님 나에게 평생의 갈망이 있습니다
이 호흡 다하도록 하나님 아름다움을 바라보며
전심으로 하나님을 높이는 예배자가 되게 하시고
성전에서 만난 주님 삶으로 나타내게 하소서

걸음을 멈추면 보이는 것

부흥회 인도 차 캐나다 토론토에 방문했을 때였습니다. 초청한 교회 담임목사님의 인도로 헨리 나우웬(Henri Nouwen)이 마지막까지 섬겼던 라르쉬 데이브레이크(L'Arche Daybreak) 장애인 공동체를 방문했습니다. 헨리 나우웬을 처음 만난 것은 1993년도 대학원에서 영시 교수님이 선물로 주신 《The Road to Daybreak(데이브레이크로 가는 길)》라는 책을 통해서였습니다. 예일대학교와 하버드대학교 교수직을 내려놓고 장애인 공동체에 들어가 삶을 보낸 한 사람의 글을 읽고 있자니 잔잔한 그의 영성에 감동이 밀려왔습니다. 마치 가을 들녘에 흩어지는 연기처럼 차분한 분위기를 자아내는 저자의 목소리가 들리는 듯했습니다.

라르쉬 데이브레이크 공동체는 입구에서부터 많은 생각을 하게 했습니다. 그 공동체는 대문도 따로 없는 평범한 곳이었습니다. 헨리 나우웬이라는 유명한 영성가이자

저술가의 흔적이 있는 곳이라고는 보이지 않았습니다.

예배당에 들어서자 마침 장애인 아이들이 다가오는 발표를 위해 무엇인가 열심히 준비하는 중이었습니다. 이곳에는 장애가 심한 사람이 많아 건강한 사람이 일대일로 늘 곁에 따라다녀야 했습니다. 여기저기에서 괴성 같은 소리가 들려오기도 했습니다. 그러나 그곳에서 섬기는 사람들의 얼굴에는 한결같이 미소가 걸려 있었습니다. 참으로 의미 있는 일을 하는 사람들의 마음이 어때야 하는지 배울 수 있었습니다.

《상처받은 치유자》, 《탕자의 귀환》 등의 베스트셀러를 남긴 헨리 나우웬은 1932년 네덜란드에서 3남 1녀 중 막내로 태어났습니다. 1957년 예수회 사제로 서품을 받았고 6년 동안 철학과 신학을 공부한 후 미국 노트르담대학교에서 가르치기를 시작하여 1971년부터는 예일대학교에서 교수로 섬겼고 1982년부터는 하버드대학교에서 가르쳤습니다. 그러나 그는 올라가는 삶을 버리고 낮은 곳으로 내려가기 위해 1986년에 토론토 근교에 있는 라르쉬 데이브레이크에 들어가 1996년 9월 이 세상을 떠나기까지 마지막 삶을 보냈습니다. 그가 남긴 40권이 넘는 책은 인간의 내면, 특히 인간의 고통 속에 찾아오시는 하나님을 탐구하고 오직 하나님만이 채울 수 있는 인간의 빈 방을 조명하고 있습니다.

헨리 나우웬의 신학과 신앙은 개신교의 가르침과는 다른 것도 많습니다. 그러나 그는 예수 그리스도를 삶 속에서 따르기 위해 세상의 모든 인정과 안정을 버리고 고독한 영혼의 항해를 했습니다. 그의 삶을 보면서 예수 그리스도를 따른다는 의미를 많이 생각하게 됩니다.

라르쉬 데이브레이크 예배당 옆에 연못이 있습니다. 가을 낙엽이 내리는 연못 주위를 걸으면서 평범한 삶 가운데 주님과 동행하는 영성을 떠올리며 하늘을 올려다봤습니다. 푸른 하늘이었습니다. 그 푸르름이 마치 하나님이 들려주는 음성처럼 여겨졌습니다. 그곳에서 멀리 떨어지지 않은 곳에 조그만 캐나다 현지인 교회가 있었습니다. 교회 뜰에는 공원묘지가 있었고 그곳에는 최근에 이장한 헨리 나우웬의 무덤이 있습니다. 멋진 돌 위에 새겨진 많은 이름과 달리 그의 이름은 눈에도 잘 띄지 않는 소박한 나무에 새겨져 있었습니다. 그의 삶도 죽음도 가을 하늘의 구름처럼 소박했기에 잔잔히 부는 바람이나 푸른 하늘과도 참 잘 어울린다는 생각이 들었습니다. 늘 분주하게 쫓기는 삶에 단풍이 물들어 가는 것도 모른 채 가을을 맞는 저를 보면서 헨리 나우웬이 조용히 타이르는 것 같았습니다.

"잠시 걸음 멈추고 바람에 이는 갈대 소리, 하늘을 낮게 나는 작은 새소리에 귀를 기울여 보게나. 하나님이 베푸시는 선물이니."

십자가로 물들게 하소서

잎새가 단풍으로 물들어 가듯
내 영혼 주님 말씀으로 물들게 하소서

뜨거운 여름 햇살을 인내할수록
더 붉게 타오르는 가을 숲의 아름다움

한 번 물들면 다시 돌아가지 않고
차라리 죽음으로 간직하는 고결

주님, 내 영혼 십자가로 물들게 하소서
죽음도 지울 수 없는 십자가로 물들게 하소서

기러기 떼가 남향의 하늘로
V자 편대로 날아가고 있습니다

하나님의 얼굴에
미소 짓게 하는 삶

말보다 강한 것이 표정입니다. 한 방울의 눈물은 이별을 노래하는 한 편의 시보다 강렬합니다. 해맑은 아이의 미소는 평화를 다루는 수많은 논문보다 힘이 있습니다.

요즘 저의 특별한 관심은 하나님의 표정 읽기입니다. 성경에 나타난 하나님은 사람을 볼 때마다 독특한 표정을 지으셨습니다. 인간을 창조하기 위해 서로 논의할 때 삼위의 하나님 얼굴에는 기대와 소망이 가득했습니다.

흙으로 사람을 빚으시고 생기를 불어넣어 사람을 완성하셨을 때 하나님의 표정은 최상의 기쁨으로 넘쳤습니다. 그러나 아담이 하나님의 말씀을 버리고 선악과를 취했을 때 그분의 얼굴은 아픔으로 일그러졌습니다. 범죄 후에 아담과 하와가 자신의 죄를 깨닫지 못하고 서로를 비방할 때 밝았던 하나님의 얼굴이 그 어느 때보다 어두워졌습니다.

하나님께서 내 모습을 보시고 어떤 표정을 지으실지

궁금해집니다. 늘 주님 앞에 죄송한 마음으로 살아가는 죄인이어서 더 그렇습니다. 태산 같은 내 죄와 바다 같은 하나님의 사랑을 묵상하다 보면 "아 하나님의 은혜로 이 쓸데없는 자, 왜 구속하여 주는지 난 알 수 없도다"라는 찬송이 절로 나옵니다.

말씀을 묵상하고 설교를 준비할 때면 본문 말씀에 나타난 하나님의 표정이 어떠한지 간절한 마음으로 그려 보곤 합니다. 성경을 문자적으로 이해하는 것을 넘어 하나님의 마음, 주님의 얼굴 표정을 찾고자 간절하게 기도하게 됩니다. 말씀의 세계가 펼쳐질 때는 하나님의 즐거운 노래가 들려오기도 하고 죄악의 길로 들어가는 사람을 보시면서 흘리는 하나님의 눈물이 보이기도 합니다.

말씀을 들여다보아도 하나님의 표정이 보이지 않을 때는 고통스러운 마음으로 부르짖기도 하고, 때로 환한 하나님의 표정이 보일 때면 책상 밑에 엎드려 감사의 기도를 올리기도 합니다. 그럴 때면 세상 어느 곳에서도 발견할 수 없는 하늘의 희열에 사로잡히기도 합니다. 저같이 부족한 사람에게도 찾아오신 하나님이 말씀을 듣는 사람들의 마음속에도 깊이 찾아오시기를 열망하며 강단에 섭니다.

하나님께서 지금 나를 바라보시고 어떤 표정을 하고 계실까요? 자랑스러운 미소가 번지고 있을까요, 안타까운 모습이 스며 있을까요? 어느 시대에도 하나님의 마음을 아프게 한 사람들이 있었고, 모든 사람이 제 길로 갈 때도 하나님의 마음을 시원하게 해 드린 사람들이 있었습니다. 똑같이 예배의 자리로 나아갔지만 아벨과 가인을 바라보시는 하나님의 표정은 전혀 달랐습니다. 시대를 거슬러 살아 낸 노아를 보시고 하나님은 자랑스러워하셨습니다. 한 시대 하나님과 눈을 마주하고 살았던 다윗이 죄를 짓고 무너졌을 때 하나님은 고통스러워하셨습니다.

인생의 진정한 보람과 행복은 하나님의 얼굴에 미소를 짓게 하는 삶에 있습니다. 나의 삶 한 부분이라도 창조주에게서 흘러넘치는 영광을 담아낼 수 있다면 거기에 인생의 진정한 의미가 있습니다. 하나님을 환하게 미소 짓게 하고 주님 마음을 시원하게 해 드리는 사람, 하나님이 찾고 계시는 그 사람이 바로 당신입니다.

"주님, 내 눈을 열어 주님 영광의 한 조각이라도 보게 하소서. 하나님의 표정에 자랑스러움을 선물하는 그런 자녀가 되게 하소서."

당신께 드릴 선물

당신에게 가장 귀한 것 드리려
오랜 세월 찾았습니다
당신에게 들려드릴 그 한 노래 위해
오랜 세월 준비했습니다

서산에 해가 걸리고
밤이 내리고
거리에 낙엽이 뒹굴고
그 위에 눈이 내리면
당신께 드릴 그 선물 찾지 못해
당신께 바칠 그 노래 부르지 못해
두 손으로 얼굴을 감싸고 울었습니다

다시 긴 세월 흘러
나의 삶도 저물어 갈 때
비로소 당신의 말씀이 들렸습니다

"너 하나면 충분하고도 남는다."

Part 3

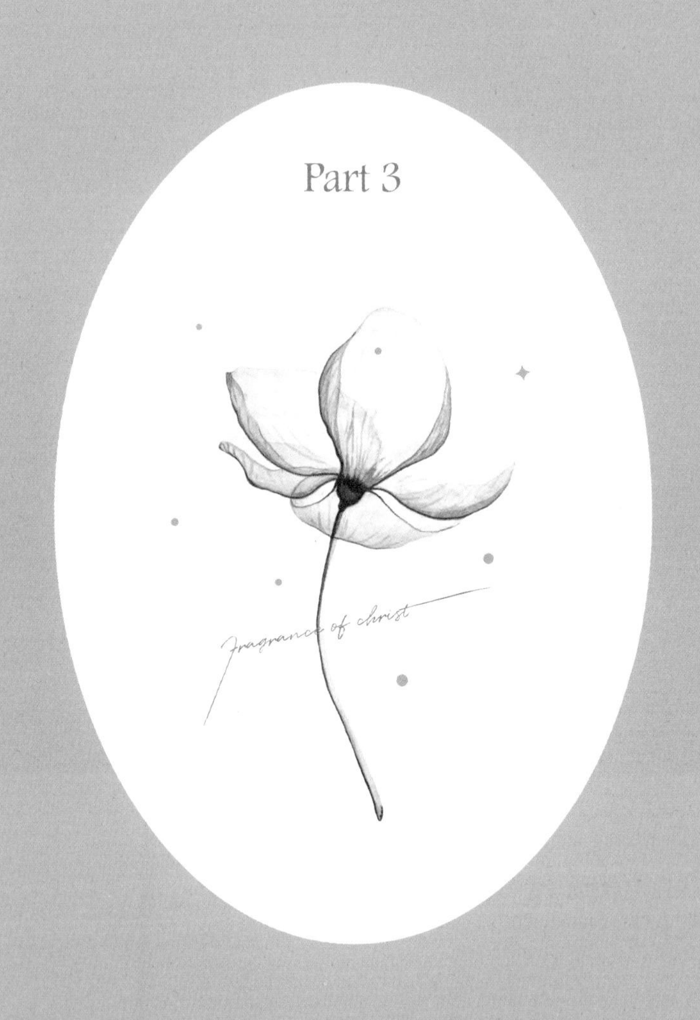

향기는 바람을 타고
전해진다

인생의 여정이 고난으로 거칠더라도

세상에서 가장 강력한 힘은 무엇일까요? 하버드대학교 교육학 교수인 하워드 가드너(Howard Gardner)는 그의 책 《통찰과 포용》에서 그것은 '목마름'이라고 했습니다. 한 시대를 주도했던 리더들의 공통점은 시대의 변화를 애타게 추구하던 목마름이 있었다는 것입니다.

우리가 잘 아는 사람 중에는 스티브 잡스(Steve Jobs)를 예로 들 수 있을 것입니다. 그에게는 세상을 더 편하고 행복하게 만들고자 하는 목마름이 있었습니다. 그래서 자기가 창업한 애플사에서 해고를 당하면서도 다시 일어설 수 있었습니다.

목마름은 한 사람을 하나님의 전사로 세우기도 합니다. 국제WEC선교회의 창시자인 C.T. 스터드(Charles Thomas Studd)는 부유한 영국 귀족의 아들로 최고의 학문과 환경을 갖춘 사람이었습니다. 그는 미국의 복음 전도자 D.L.

무디(Dwight Lyman Moody)의 설교에 은혜를 받고 케임브리지 7인 중 한 명으로 중국 선교를 떠났습니다. 훗날 건강이 악화되어 잠시 귀국했다가 다시 인도로, 마침내 아프리카로 선교 사역을 떠났습니다. 식인종에게도 선교사가 필요하다는 구절 하나에 그의 심장이 타올랐기 때문입니다. 아내가 그의 건강을 걱정하며 만류하고 막아섰지만, 그럼에도 C.T. 스터드는 아무런 후원자도 없이 아프리카 콩고로 들어갔습니다. 그 후 그는 18년 동안 삶을 주님과 영혼을 위해 불태우다가 주님의 품에 안겼습니다. 하나님의 나라를 향한 그칠 줄 모르는 헌신, 복음을 향한 끊임없는 목마름의 결과였습니다.

우리는 어딘가에 목말라 합니다. 목마름은 우리가 바라는 대상을 사모하게 만들고, 그것을 얻을 때는 지고한 기쁨을 누리게도 만듭니다. 때로는 그 목마름이 우리를 노예로 삼기도 합니다. 예수님을 닮고자 하는 거룩한 목마름은 우리 삶에 총체적인 변화를 가져옵니다. 하나님을 향한 거룩한 목마름은 영혼을 맑게 하는 샘물입니다.

하나님께도 목마름이 있습니다. 타락한 인류를 향한 사랑, 죽은 영혼을 향한 다함 없는 긍휼, 나 한 사람을 향한 하나님의 목마름이 있었기에 그분의 아들 예수 그리스도가 세상에 오셨습니다. 그분은 이 땅에서 무릎을 꿇고 인간의 발을 씻기셨고, 죄인을 위해 묵묵히 십자가에

오르셨습니다. 인류를 살리고자 하는 거룩한 목마름이 있었기 때문입니다. 예수님은 이 거룩한 목마름으로 십자가 위에서 모든 물과 피를 쏟으신 채 죽어 가셨습니다. 그리고 오늘도 죄와 허물로 허우적거리는 우리를 그날의 목마름으로 인내하며 기다려 주십니다. 나를 향한 하나님의 목마름을 아는 사람은 하나님의 마음을 아는 사람입니다.

내 속에 채워지지 않는 갈증이 있습니까? 무엇을 향한 목마름입니까? 세상을 향한 갈증이라면 거짓된 만족에 잠깐은 기뻐할 수 있겠지만, 결국은 평생 목마름으로 고통당하다 인생을 끝내게 될 것입니다. 그러나 그 갈증이 주님을 향한 것이라면 인생의 여정이 고난으로 거칠더라도 점점 더 주님을 닮아 가게 될 것입니다. 잠언 8장 17절에서 하나님이 약속하십니다.

> 나를 사랑하는 자들이 나의 사랑을 입으며 나를 간절히 찾는 자가 나를 만날 것이니라

우리가 주님을 목말라 할 때 주님은 하늘의 생수로 충만하게 채우실 것입니다. 영혼을 향한 주님의 목마름을 깨달을 때 우리 가슴은 전도자의 사명을 깨닫게 될 것입니다. 그 목마름이 온 세상에 펼쳐질 때 세상은 진정 우리의 영혼을 만족시켜 주시는 하나님을 만나게 될 것입니다.

"오, 주님. 우리 마음을 당신을 향한 그칠 줄 모르는 거룩한 목마름으로 채우소서. 주님을 온전히 살아 내기까지는 결코 만족할 수 없는 영혼의 갈증을 주소서."

한 사람

당신은 잃어버린 영혼을 향해
흘리는 주님의 눈물 보았는가

한 사람, 그 한 사람을 위해
타오르는 주님의 심장 가졌는가

나를 위해 쏟으신 십자가 사랑
나를 위해 베푸신 영원한 생명

아버지여, 내 마음
당신의 눈물로 채우소서
아버지여, 한 영혼
당신의 진리로 일으켜 세우소서

어둠 속에 갇힌 영혼 다시 빛으로 살아나
죄악에 빠진 영혼 다시 일어나

아버지를 찬양하게 하옵소서
아버지를 영화롭게 하옵소서

십자가 사랑

십자가에서 흘리신 주님의 눈물
한 방울이라도 내 가슴 적신다면
세상에 용서하지 못할 사람이 없을 텐데

십자가에서 쏟으신 주님의 피
한 방울이라도 내 몸에 뿌려진다면
세상 어떤 불순한 것에도 물들지 않을 텐데

주여, 내 가슴 당신의 눈물로 채워 주소서
주여, 내 영혼 당신의 피로 적셔 주소서
십자가의 눈물 한 방울이라도, 피 한 방울이라도

광야의 끝에 주님이 기다리고 계시니

해가 뜨기 바로 직전이 가장 어둡다고 합니다. 이 말은 인생에서 고난의 골짜기와 어둠의 시간을 지나는 사람을 견디게 합니다.

그럼에도 적막한 광야 길을 지나다 보면 우리는 희망을 의심합니다. 사방을 돌아보아도 소망의 빛이 보이지 않는 극한의 상황에서 호흡하는 것마저 힘겨울 때 내일이라는 꿈은 무너집니다. "광야를 지나며"라는 찬양은 이렇게 노래합니다.

왜 나를 깊은 어둠 속에 홀로 두시는지
어두운 밤은 왜 그리 길었는지
나를 고독하게 나를 낮아지게
세상 어디도 기댈 곳이 없게 하셨네
광야 광야에 서 있네

하나님을 믿든 믿지 않든 광야 같은 적막한 인생이 펼쳐질 때가 있습니다. 누가 초청하지도 않았는데 거친 시간은 누구에게나 어김없이 찾아옵니다. 그러나 신자의 삶이란 그곳이 광야든 바다 한복판이든, 홀로 던져진 존재가 아닙니다. 지난한 인생길에서도 평강을 누리며 기뻐할 수 있는 이유에 대하여 찬양은 계속 들려줍니다.

주님만 내 도움이 되시고
주님만 내 빛이 되시는
주님만 내 친구 되시는 광야
주님 손 놓고는 단 하루도 살 수 없는 곳
광야 광야에 서 있네

광야 인생에서의 극복은 광야를 대하는 자세에서 시작합니다. 하나님께서 이스라엘 백성을 독수리 날개 위에 업고 인도하신 것처럼, 우리도 지금까지 인도하셨다는 확신을 가지면 광야에서도 부를 노래가 있습니다.

헬렌 켈러(Helen Keller)의 인생은 참 가혹했습니다. 그는 어린 시절 겪은 심한 질병 탓에 시력과 청력을 모두 잃었습니다. 그랬던 그가 한 말입니다.

"삶은 대담한 모험이 없으면 아무것도 아니다."

거센 폭풍우가 몰아칠 때 닭은 머리를 숙이지만, 독수

리는 날개를 펼치고 바람에 의지하여 창공을 날아갑니다. 인생에 아름다운 벚꽃 길만 펼쳐진다면 얼마나 좋겠습니까. 그러나 아무리 화려한 벚꽃이라 해도 한 시절 찬란하게 빛을 발하면 향기를 다할 때가 있고 바람에 떨어지는 날이 옵니다. 소크라테스는 "시험받지 않는 삶은 가치가 없다"라고 했습니다. 가시를 두려워하는 사람은 장미꽃을 만질 자격이 없는 것입니다.

광야에 서 있다고 생각할 때마다, 주위에 아무도 없다고 생각할 때마다 우리가 해야 할 일은 영혼의 눈을 뜨고 하늘을 바라보는 것입니다. 민족시인 이육사는 일제강점기의 어둠 속에서 민족 해방을 꿈꾸며 "광야"라는 시에서 이렇게 노래합니다.

> 다시 천고의 뒤에
> 백마 타고 오는 초인이 있어
> 이 광야에서 목 놓아 부르게 하리라

우리에게는 천고 뒤가 아니라 이미 2천 년 전에 진정한 초인, 예수님이 오셨습니다. 영혼의 진정한 해방자이신 그분이 하늘을 가르고 세상 안으로 들어오셨습니다. 예수님은 언젠가 역사의 어둠을 뚫고 다시 오실 것입니다. 크리스천이란 그날을 기다리는 소망을 품고 즐거이 광야를 걸어가는 사람입니다.

예수님도 공생애를 시작하시기 전에 광야에서 시험받으셨습니다. 모든 것이 끊어진 그곳에서 오직 하나님의 말씀에 순종함으로 사탄의 유혹을 이기시고 승리의 문을 여셨습니다. 광야는 우리를 무너뜨리는 장소가 아니라 하나님을 더욱 의지하고 승리를 맛보는 기적의 현장입니다.

광야에 서 있다고 느껴질 때면 잠잠히 주님을 바라보기 바랍니다. 풀 한 포기 물 한 모금 보이지 않을 때 눈을 들어 하늘을 바라보기 바랍니다. 여전히 나를 향해 미소 짓고 계시는 주님을 만난다면 우리는 광야를 행복한 여행처럼 즐기게 될 것입니다. 하나님이 함께하시면 광야라도 사명의 땅이 되는 것입니다. 광야를 지나면서 이 길 끝에 무엇이 기다리고 있는지 고민하지 마십시오. 주님이 우리의 목적지이기 때문입니다.

광야 생활을 이겨 낼 수 있는 것은 함께하시는 하나님이 계시고, 언젠가 들어갈 가나안이 기다리기 때문입니다. 성취될 미래를 믿음의 눈으로 바라보면 현재의 고난은 하나의 통과 과정으로 여기고 이겨 낼 힘을 얻게 됩니다. 오히려 이런 시기에 하나님의 사람으로서 감당해야 할 사명에 더욱 충실하게 됩니다.

누구에게나 다가오는 고난의 시간, 부디 하늘을 바라보고 평강과 소망을 노래하며 광야를 이겨 내기 바랍니다. 한 걸음 한 걸음 뚜벅뚜벅 걷다 보면 우리 눈앞에 하나님이 준비하신 가나안이 펼쳐질 것입니다.

하나님의 눈물

하나님 당신을 믿은 후로
슬퍼하면 안 되는 줄 알았습니다

하나님 당신을 만난 후로
외로우면 안 되는 줄 알았습니다

슬픔도 외로움도
죄인 줄로 생각했습니다

어머니 떠올라 눈물 쏟은 후
아무 일 없는 듯 미소 짓는 나에게
당신이 말씀합니다

나도 아프다

아무것도 아니라고

코로나 바이러스가 온 세상을 어둡게 덮을 때
한여름 뜨거운 햇살을 꽃술에 가득 담아
지난해 이맘때처럼 마당 가득히 피어난 백일홍
바이러스는 아무것도 아니라고 말하고 있네

세차게 뿌린 비 지나간 아침
한 잎 떨어지면 또 한 잎 피어나
기어이 석 달 하고도 열흘을 더 견디며
이겨 내라, 힘을 내라 속삭이네.

터널엔 반드시
끝이 있는 것처럼

유대인들에게 전해져 오는 이야기가 있습니다. 어느 날 다윗왕이 보석 세공인을 불러 특별한 반지를 하나 만들어 줄 것을 명령했습니다.

"내가 승리했을 때는 기쁨에 취해 자만하지 않도록, 또한 절망에 빠져 있을 때 용기를 줄 수 있는 글귀를 새겨 넣어라."

보석 세공인은 왕의 명령대로 아름다운 반지를 만들었습니다. 그러나 왕의 명령을 만족시킬 만한 글귀를 찾을 수 없었습니다. 고민 끝에 다윗의 아들 솔로몬에게 찾아갔습니다. 그에게 준 솔로몬의 지혜는 히브리어로 "감 째 야아보르", "이것 또한 지나가리라"는 의미의 글귀였습니다. 이 한마디가 승리에 도취하는 순간에는 교만한 마음을 가라앉히고, 절망 중에 있을 때는 용기를 주었습니다. 이 이야기를 바탕으로 시인 랜터 윌슨 스미스(Lanta Wilson

Smith)는 "This, too, shall pass away(이것 또한 지나가리라)"라는 제목의 시를 지었습니다. 그 시의 일부분입니다.

> 거대한 슬픔이 거센 강물처럼
> 평화를 파괴하는 힘으로 그대의 삶으로 스며들 때
> 소중한 것들이 눈앞에서 영원히 사라져 갈 때
> 힘겨운 순간마다 그대의 마음에 말하라
> "이것 또한 지나가리라."
> …
> 진실한 노력이 그대에게 명예와 영광을 가져오고
> 지상의 모든 숭고한 것이
> 그대에게 미소 지을 때
> 삶의 가장 길고 장대한 이야기도
> 지상에서 잠깐 스쳐 가는
> 한 순간에 불과하다는 것을 기억하라
> "이것 또한 지나가리라."

아무리 화려해도 바람처럼 흩어질 날이 오고, 천하를 얻은 기쁨도 사라지는 순간이 옵니다. 눈물로 온밤을 지새우는 슬픔이라 해도 무뎌질 때가 오고, 호흡하기 어려운 고통이라 해도 지나가는 순간이 옵니다. 삶 가운데 아름다운 순간이 왜 없겠습니까? 영원히 계속되었으면 하는 때가 왜 없겠습니까? 그러나 인생의 영화란 들의 꽃과 같이 결국에는 다 사라질 것들입니다. 아무리 화려한 인생이라 해도 햇살 앞에 아침 이슬과도 같은 것이 인생입니다.

유대인 속담에 "모든 사람이 죽는다는 사실은 알지만 그것을 믿으려 하지 않는다"는 말이 있습니다. 참 옳은 말입니다. 어린 시절 추운 날 유리창에 입김을 불고는 사랑하는 사람의 이름을 새겨 보곤 했습니다. 햇살 앞에 그렇게도 빨리 입김이 사라지고 글자도 사라졌던 것을 기억합니다. 인생이란 순식간에 사라지는 아침 안개 같은 것이라고 합니다. 저녁에 피어오르는 처마 끝의 연기처럼 순식간에 사라진다는 말입니다. 좀 더 찬란하게 반짝인다고 그렇게 자랑할 것도 아니고, 반짝임이 덜하다고 낙심할 것도 아니라는 것입니다. 하루 세 끼를 먹을 수 있으면 감사하고 어려우면 두 끼의 식탁을 앞에 두고도 감사하는 것이 복된 인생입니다.

아침 일찍부터 분주하게 땀 흘리는 삶 가운데 우리의 마음을 허비하며 보내지는 않습니까? 무엇 때문에 마음이 상합니까? 고대의 지혜자는 이렇게 말합니다.

"이것 또한 지나가리라."

모든 것이 바람처럼 지나가는 삶 속에 다윗이 고백합니다.

주여 이제 내가 무엇을 바라리요 나의 소망은 주께 있나이다 시 39:7

긴 팬데믹을 지나면서 많은 사람이 우울증과 대면기피증 그리고 불안감으로 아파했습니다. 팬데믹은 우리 삶에 쓰나미 같은 총체적 위기를 불러 왔습니다. 이 시간을 지나면서 우리는 새로운 미래를 준비해야 할 필요를 절감하고 있습니다. 아무리 아름다운 역사라 해도 지나간 과거는 우리가 머물러야 할 종착역이 아니라 지나가야 할 정거장입니다.

새로운 미래를 꿈꾸고 땀 흘리고 달려가야 할 때가 되었습니다. 다양하게 겪었던 아픔과 현재 경험하고 있는 역경을 대할 때마다 고대의 현자가 외쳤던 고백, "이것 또한 지나가리라"를 읊조리며 심호흡 크게 하고 다시 마음 가다듬고 일어나길 바랍니다. 우리가 겪는 아픔은 끝이 없는 동굴이 아니라 반드시 빛이 있는 터널입니다. 바람처럼 지나가는 삶 속에도 주님이 주시는 소망으로 하늘을 향해 감격과 기쁨을 노래하며 살아가는 사람들, 이들이 그리스도인입니다.

길이 끝나는 곳에서

그대, 길이 없는 것처럼 그렇게 말하지 말게
눈에 보이는 길이 없다고
사방이 막혀 더는 움직일 수 없다고
절망하지 말게

길이 끝나는 곳에서 새로운 길이 시작되리니
세상이 열어 보지 못한 길
사람이 걸어 보지 못한 길 있나니
길이 끝나는 곳에서 눈 들어 하늘을 보게

연약한 우리 육신이 여행을 멈추는 그곳
고단한 우리 영혼이 순례를 멈추는 그곳
길이 끝나는 그곳에서
새로운 길이 시작되리니

그대, 길이 없는 것처럼 그렇게 살지 말게
세상 모든 길도 이를 수 없는
하늘에서 내려온 길이 있다네
하늘로 나아가는 길이 있다네

하나님이 계시기에 향기로운 인생

한 해의 계절이 바뀔 때나 삶에 중요한 순간마다 떠오르는 세 라틴어가 있습니다.

첫째는 "메멘토 모리(Memento mori)", '죽음을 기억하라'는 말입니다. 오랫동안 책상 앞에 이 글귀를 써 놓고 그 의미를 되살려 보곤 했습니다. 고대 로마에서는 승리한 장군이 개선행진을 할 때 전차 뒤에 탑승한 사람이 장군에게 계속 이 말을 새기도록 외쳤다고 합니다. 오늘은 승리의 개가를 부르지만 언젠가 죽는다는 것을 기억하고 겸손하게 행동하라는 교훈을 일깨워 주기 위해서였습니다.

스티브 잡스는 2005년 스탠퍼드대학교 졸업 연설에서 오늘이 내 인생 마지막 날이라면 어떻게 살 것인지, 그리고 내가 곧 죽는다는 사실을 떠올리는 것이 삶을 얼마나 가치 있게 만들어 주는지를 설명했습니다. 아침에 눈을 떠서 거울 속 자신을 볼 수 있다는 사실만으로도 우리는 행복하고 감사할 이유가 충분한 사람입니다. 어제 세상을 떠난 사람이 전 재산을 주고도 얻을 수 없는 하루를 선물로 받았기 때문입니다. 오직 오늘이라는 날 동안 하나님께서 부여하신 사명을 위해 고결하게 불태우다가 주님 앞에 서야 할 것입니다.

둘째는 "카르페 디엠(Carpe diem)", '현재에 충실하라'는 말입니다. 1990년 개봉한 영화 〈죽은 시인의 사회〉에서 존 키팅 선생이 외친 이 한마디는 전 세계 젊은이를 열광하게 했습니다. 젊은 시절 이 경구를 마치 성경구절이나 되듯이 새로 사는 책마다 맨 앞장에 적어 두곤 했습니다. 제가 시간에 관한 철학을 '하루살이'에 두고, 먼 미래의 계획을 세우지 않고 하루하루 살아가고자 하는 이유도 여기에 있습니다.

이 구절은 가끔 '젊은 날은 다시 돌아오지 않으니 현재를 즐겨라' 또는 '한 번뿐인 인생을 마음대로 살아라'는 식으로 번역되어 그 진정한 의미가 몸살을 앓곤 합니다. 영어로 표현하면 "Seize the day"로, '오늘을 잡아라' '주어진 오늘 하루의 삶에 최선을 다하라'는 의미가 담겨 있습니다. 어제는 흘러간 물과 같고 내일은 아직 오지 않았기에 매일 순간을 가치 있게 살아간다면 인생은 참 아름다운 향기로 충만할 것입니다. 하나님이 맡기신 사명에 영혼의 눈이 열릴 때 오늘 하루 진정한 최선의 삶이 나타날 것입니다.

셋째는 "아모르 파티(Amor fati)", '운명을 사랑하라'는 말입니다. 독일 철학자 프리드리히 니체(Friedrich Wilhelm Nietzsche)의 《즐거운 학문》에 나오는 말로 '운명애'라고 부릅니다. 니체는 인간의 삶을 끝없는 권력의지를 가지고 결코 이룰 수 없는 욕망의 샘에서 마실 물을 찾는 인간으로 묘사합니다. 인간은 죽음 앞에 굴복하는 연약한 존재이기에 결국 '네 운명을 사랑하라'는 명제에 도달합니다.

니체의 삶과 이 고백의 근거는 기독교 가르침과는 다르지만 이 말 자체는 참 의미 있게 다가옵니다. 내 삶이 하나님의 절대주권 안에 놓여 있다면 우리는 어떤 삶이 펼쳐진다 해도 모두 끌어안을 수 있고 사랑할 수 있습니다. 하루아침에 사라지는 안개 같은 연약한 존재 앞에서 니체도 헤밍웨이도 허무를 노래했지만 신자에게는 그 연약함이 전능자의 자비를 구하는 통로이며 하늘의 은혜를 만나는 기회이기 때문입니다.

지상에서 살아가는 날은 흐르는 물처럼 단 한 번 살아갈 뿐입니다. 그러나 하나님이 허락하신 삶은 순간마다 소망이 충만합니다. 아직 호흡이 있다면 사명이 있기에 의미 깊은 인생입니다. 하나님이 하늘에 계시고 땅 위에 사랑하는 사람이 있고 달려가야 할 사명을 품고 있다면 우리는 영원히 아름다운 인생을 노래할 것입니다. 오늘도 온 땅 곳곳마다 하나님의 손가락으로 지으신 만물이 창조주를 드러내는 영감으로 가득합니다. 그런 세상을 바라보며 하늘을 향해 기쁨의 찬가를 부릅니다.

새해 달력

세상을 하얀 눈으로 덮어
나무도 빈 들녘도 숨소리가 없더니

밤새 내린 비에
엎드린 들풀이 고개를 들고
하늘에는 새가 날고
숲속에는 새들의 음악이 울린다

새날을 맞이하는 마음으로 언덕에 올라
먼 산 바라보며 숨을 고른다

떠나가는 날들을 바람에 실려 보내고
가만히 내게 말한다
그래, 다시 시작하는 거야

깨끗한 겨울 햇살에
티 없는 미소를 보내고

새해 달력에 어린 시절 희망의 시간표를 짜듯이
마음먹은 것을 적어 나간다

내 한 해는
소박한 꿈을 다시 찾아가는 길이다

01
January

납작 엎드리기

얼굴이 좀 피곤해 보인다는 주위 사람들의 말에 수요일 저녁 코로나 테스트를 해 보았고, 양성 반응이었습니다. 바로 격리를 시작했지만 제 마음은 참 무거웠습니다. 교회를 섬기는 목사로서 성도들께 죄송했습니다. 그리고 일주일 후 전국 목사장로기도회와 주일예배에 초청을 받은 교회가 있어 한국에 들어갈 일정이었기 때문에 난감했습니다. 곧바로 한국에 상황을 알렸습니다. 교단 총회장도, 담임목사도 전혀 문제없을 테니 몸조리 잘하고 잘 준비해 오라는 답변이 왔습니다.

잔기침 이외에는 아무런 증상이 없었지만 한 주가 지나서 수요일 아침까지 계속 양성 반응이 나왔습니다. 다시 한번 교회와 총회에 양해를 구하고 대안을 마련해 줄 것을 부탁했습니다. 그런데 두 곳 모두 기도하고 있으니 하나님께서 인도하실 거고, 무사히 올 거라며 같은 답을

했습니다. 그다음 날 목요일 역시 아침 저녁 양성 반응이었습니다. 당장 다음 날인 금요일 아침에 비행기를 타야 했는데, 그게 안 돼서 펼쳐질 상황을 생각하니 안타까움과 죄송함으로 마음이 아파 왔습니다.

목요일 저녁이 되었습니다. 저는 간절한 마음에 무릎을 꿇고 기도했습니다. 그런데 기도 중에 이 정도로 기도해서 될 상황이 아니라는 생각이 들었습니다. 두 팔을 위로 벌리고 온몸을 방바닥에 납작 엎드렸습니다. 그때 참으로 신기한 경험을 했습니다. 기도가 전혀 나오지 않았습니다. 정확하게 말하면 말이 필요 없었습니다. '주님, 제가 할 수 있는 것이 아무것도 없습니다. 하나님만이 하실 수 있는 일입니다.' 간절한 저의 고백은 언어를 통해서가 아니라 몸을 통해서 하나님께 드려졌습니다. 하나님 앞에 납작 엎드리는 것 자체만으로도 완전한 기도라는 것을 깨닫게 되었습니다.

앞서 출간한 책 제목이 《납작 엎드리기》입니다. 성경에서 수많은 역경을 기도의 무릎으로 뚫고 이겨 낸 기도의 용사들을 소개하면서 우리가 기도할 때 체험하는 하나님의 역사를 소개했습니다. 성경뿐 아니라 초대 교회나 중세 교회 그리고 한국 교회도 어둠의 골짜기를 지나왔지만 기도를 통해 하늘의 문이 열렸을 때 놀라운 비상의 역사를 이루었습니다. 그러나 납작 엎드리는 기도가 어떤 것인지 진정으로 체험한 것은 바로 그날 밤이었습니다. 하나님이 아니면 한 걸음도 나아갈 수 없다는 것을 인정하고 100퍼센트 주님께 맡기는 기도, 그것이 납작 엎드리는 기도였습니다.

금요일 아침, 한국으로 들어갈 짐을 챙기고 공항으로 차를 몰았습니다. 제가 할 수 있는 최선을 다한 후에 어떤 결과라도 감사함으로 받고자 하는 마음이었습니다. 공항 로비에 설치된 진료소에서 PCR 검사를 받은 후 결과를 기다리면서 하나님께 감사 기도를 드렸습니다. 인생의 가장 중요한 순간에 내 힘으로 할 수 있는 것이 하나도 없다는 사실을 가르쳐 주신 하나님께 드린 진심어린 감사였습니다.

음성이라고 뜬 결과를 확인하는 순간 아내와 함께 다시 한번 담담하게 하나님께 감사와 찬양을 드렸습니다. 비행기에 올라 주님께 물었습니다.

"주님, 어젯밤에라도 음성이 나왔다면 평안한 마음으로 푹 자고 공항에 왔을 텐데 이렇게 마지막까지 마음 졸이게 하신 이유가 무엇입니까?"

기도하는 가운데 확실한 것이 하나 떠올랐습니다. 내가 아무것도 할 수 없다는 사실을 진실로 깨달을 때 모든 영광을 하나님이 받으신다는 것이었습니다.

한국에서의 여정은 매 순간 하나님의 특별한 은혜가 있었습니다. 저는 가는 곳마다 하나님이 행하신 이 놀라운 은혜를 간증했습니다. 사람들은 모두 박수로 하나님께 영광을 올려 드렸습니다. 평생에 납작 엎드리는 기도로 하나님께 쓰임받고, 그 영광을 온전히 하나님께 돌리는 삶이 되기를 간절히 기도합니다.

여인의 향기

한 걸음
한 걸음
조심히 다가와
주님 앞에 무릎을 꿇습니다

옥합을 깨고
당신의 머리에 붓는 것은
향유가 아닙니다

오직 당신을 향해 쏟아 내는
내 사랑입니다

나드의 향기가 집안을 채웁니다
사랑의 향기가 가슴을 적십니다

그녀의 이름도
그녀의 흔적도
바람에 실려 간 향기 속에 사라졌지만

오늘
가만히 눈 감으면
그녀의 눈물 보이고
가만히 귀기울이면

주님의 음성 들려옵니다

복음이 전파되는 곳마다
이 여인을 기억하리라

하늘의 태양빛이
사라질 그날까지
여인의 향기를 기억합니다

비 온 뒤
무지개가 뜨듯

계속해서 몸에 무리가 오는가 싶더니 결국 면역력이 완전히 바닥이 나 입원하게 되었습니다. 다행히 나흘째 많이 회복되어 퇴원을 했습니다.

병원에 머물던 사흘째 되던 날이었습니다. 새벽 일찍 잠에서 깨어나 누웠던 침대와 병실을 깨끗이 정리했습니다. 굳이 병실 화장실까지 청소할 필요는 없었지만 무언가 마음에 꿈틀거리는 것이 있어 제 주변을 깨끗하게 정리하고 싶었습니다.

그리고 서서히 밝아 오는 새벽 창가를 마주하고 의자에 무릎을 꿇고 기도를 드렸습니다. 한참 기도하는 중에 간호사가 들어왔습니다. 반갑게 인사를 나누는 저에게 창밖을 보라고 가리켰습니다. 새벽하늘을 가르고 숨었던 햇살이 서서히 대지를 붉게 물들이고 있었습니다. 온 하늘이 수채화처럼 밝아 오는 모습은 눈이 시리도록 아름다웠습니다. 하나님이 베풀어 주시는 위로라 생각하니 감사와 찬양이 흘러나왔습니다.

붉은 하늘이 서서히 걷히고 햇살이 고개를 내밀었습니다. 그 작렬한 태양을 바라보고 햇살에 빛나는 숲 속의 나무들을 바라보는 순간 눈물이 흘러내렸습니다. 오늘도 한 날의 아침을 맞이하게 하신 하나님, 푸른 하늘을 바라보고 청아한 새소리를 듣게 하신 하나님, 그리고 의식이 있어 예수님을 나의 주님이라고 고백할 수 있게 하신 하나님께 감사를 드렸습니다.

한참 눈물로 감사를 드리다가 눈물을 흘릴 수 있다는 것에도 감사한 마음이 들었습니다. 아일랜드 속담 중에 "흐르는 눈물은 괴로우나 그보다 더 괴로운 것은 흐르지 않는 눈물이다"라는 말이 있습니다. 인생에서 진짜 사막은 마실 물이 없는 것보다 눈물이 없을 때입니다.

목회를 하면서 많은 성도님의 눈물을 보았습니다. 사랑하는 가족을 주님의 품에 먼저 보내고 아프게 흘리는 눈물을 보았고, 고국이나 타지로 떠나가면서 흘렸던 성도들의 아쉬운 이별의 눈물도 보았습니다. 생각처럼 펼쳐지지 않는 현실의 장벽 앞에 흘리는 안타까운 눈물도 있었고, 때로는 하나님의 넘치는 은혜에 응답하는 성도들의 눈물도 있었습니다. 그 모든 눈물은 영혼을 들여다보게 해 준 맑은 창이었습니다.

인류 역사에 가장 위대한 눈물이라면 죄인을 향해 흘리신 예수님의 눈물일 것입니다. 자신을 십자가에 못 박는 사람들을 위해 하나님의 용서를 구하며 흘리신 눈물, 그 눈물을 아는 사람은 예수님을 알고 자신을 아는 사람입니다. 그 눈물을 가슴에 담은 사람은 어떤 사람도 사랑하고 용서할 수 있습니다.

우리가 주님을 위해 눈물을 쏟을 때 하나님은 우리를 위해 기쁨의 눈물을 예비해 놓으십니다. 아무리 차가운 세상이라도 눈물이 흐르는 사회는 따스한 봄비를 경험합니다. 우리 눈에 눈물이 사라지는 날 영혼의 무지개는 뜨지 않을 것입니다.

"주님께 비오니 일생 눈물샘이 마르지 않게 하시어 천국을 더욱 밝히 보게 하소서."

생명의 바람 불어오길

1.
서부 아프리카, 사하라 사막 끝자락
쉴 새 없이 부는 바람에
흩날리는 모래 나라

반년이 지나도록
비 한 번 내리지 않는 땅
풀 한 포기 시원하게 자라지 못하는 땅

빈 들 홀로 지키며
속이 타들어 가는 바오바브나무
세네갈은 바오바브나무다

2.
자갈밭 황톳길
맨발로 해맑은 미소 지으며
아무렇게나 뛰어노는 아이들

무거운 짐 머리에 이고
짐보다 무거운 삶을 이고
걸어가는 아낙네

떨어지는 뜨거운 햇살에

타들어 가는 마른 몸으로
흙바닥에 앉은 노인들을 위해

그늘을 드리우는 바오바브나무,
바오바브나무,
오! 세네갈

3.
동네 한복판에 여인들 모여
먼 곳에서 온 손님 맞느라
흙바닥을 빗자루로 깨끗하게 쓴다

모두가 팔을 걷어붙이고
나무 조각 모아 불을 피우고
명절에나 먹는 닭고기를 요리한다

오랜만에 맛보는 쌀밥에
아이들의 함성은 높아 가고
지켜보던 젊은이들도 하나둘 모여든다

불어오는 바람에 씹히는 모래
혀끝으로 골라내면서
함께 미소를 짓는다

4.

누런 황토색 우물물을 길어
아이들 발가벗겨 목욕시키는 여인들
빈 뱃속을 물로 채우는 아이들

미국에서 온 의사 소문에
수백 명 줄지어 선 동네 사람들
상처 없는 아이 없고, 아프지 않은 엄마 없다

5.

우는 아이 끌어안고
젖가슴을 물리는 엄마
모성애

아무리 빨아도 마른 젖줄
아이를 바라보는 엄마의 흐르는 눈물
그렇게 아이는 엄마를 먹고 자란다

바람은 사방에 불고
흐르는 눈물도 말라
메마른 땅

6.

순결한 하늘을 바라보며 드리는 기도는
소망을 넘어 절규가 된다
오, 하나님, 이 불쌍한 사람들을 구원하소서

부디 비라도 내려 죽은 땅 다시 살아나
나무에는 푸른 잎이 자라나고
아이들 가슴에는 꿈이 자라나기를

사막에 길을 내시는 여호와
광야에 강을 내시는 여호와여
메마른 땅을 하늘 단비로 적시고
가난과 서러움에 기가 죽은 사람들
무지와 억압에 내일을 잃어버린 사람들
그들의 닫힌 마음 하늘 은혜로 열어 주소서

사하라 끝자락 세네갈에
생명의 바람이 불어
사막을 적시는 영혼의 샘터가 되게 하소서

에스라 기도원

가을에 힘을 잃은 나뭇가지
단풍잎이 사방으로 날리는
에스라 기도원에 올라
소나무에 둘러싸인 숲에서
무릎을 꿇습니다

지난밤에 내린 비에
풀밭은 물기를 가득히 머금고
대지에는 찬바람이 일어도
햇살이 스며든 자리에서
하늘을 향해 기도를 올리면
하나님이 귀를 기울이실 것 같습니다

아들이 주님 만나게 해 주소서
땀 흘려 일할 직장을 주소서
마음에서 미움이 사라지게 하소서
치료의 광선을 보내 주소서
삶 속에 빛이 되게 하소서

삶이 아픕니다, 힘을 주소서
길이 없습니다, 밝혀 주소서

하늘을 향해 올리는 기도마다

젊은이의 외침은 나의 절규가 되고

성도의 고통은 나의 아픔이 되고

엄마의 호소는 나의 고통이 됩니다

나의 기도는

소리를 잃고

눈물이 됩니다

방을 비우면
햇빛이 쏟아지듯

장자의 "인간세"에 '허실생백(虛室生白)'이라는 말이 나옵니다. 방을 비우면 그곳에 햇빛이 쏟아져 내려와 환해진다는 뜻으로, 마음을 비우면 더 깊은 깨달음을 얻을 수 있다는 말입니다.

몇 해 전에 한 지인이 보내 준 아주 좋은 분재가 제 사무실에 있었습니다. 멋진 돌을 둘러 자라난 파란 이끼 위로 물이 흐르고 낮은 키의 나무가 그 기품을 자랑했습니다. 그 분재를 보면서 하루를 시작하면 행복이 밀려오고 흐르는 물소리를 들으면 마음이 더없이 맑아졌습니다.

일 년이나 지났을까요. 하루는 그 나무가 말라 가는 것이 눈에 띄었습니다. 이파리가 노랗게 변하고 나뭇가지가 힘을 잃어 가는 것이 분명했습니다. 분재를 준 지인에게 확인해 보니, 나무가 햇빛을 충분히 받지 못해 병이 들기 시작한 것 같다고 진단했습니다. 제가 늘 블라인드로 사무실 창을 가리고 지내다 보니 햇살이 들어오지 못한 것입니다. 천지를 비추는 태양이지만 창문을 닫아 두어 나무가 햇살을 누릴 기회를 막아 버린 것입니다.

성경은 자아가 죽을 때 성령이 역사하신다고 말씀합니다. 성령님이 우리 안에 오시는 일은 하나님의 일방적인 은혜이지만, 우리 안에 계시는 성령님이 살아나시는 것은 우리가 적극적으로 그분을 주인으로 모실 때 가능합니다. 이것을 두고 허실생령(虛室生靈)이라고 말할 수 있습니다. 나 자신을 죽이고 주님께로 향한 마음의 문을 활짝 열면 하나님이 깊이 찾아오십니다. 하나님의 영이 계시는 곳에는 자유가 있고 기쁨이 충만합니다. 아무리 어두운 습지나 캄캄한 동굴 안이라 해도 햇살이 스며들면 생명이 탄생하고 대지가 살아납니다.

영국의 신앙 시인 존 던(John Donne)은 "삼위의 하나님, 내 마음을 치소서(Batter my heart, three-person'd God)"라는 제목의 시에서 마지막에 이렇게 노래합니다.

"당신이 내 마음을 사로잡지 않는 한 나는 결코 자유롭지 못할 것이며, 당신이 나를 취하지 않는 한 나는 순결하지 못할 것입니다."

우리 마음이 예수 그리스도의 영으로 가득 찰 때 우리는 진정한 자유를 맛볼 것이고, 성령이 우리를 완전히 지배할 때 넘치는 희락의 열매를 얻게 될 것입니다.

내 마음 한쪽, 비우지 못한 것이 있습니까? 나 자신으로 가득 차 있다면 주님이 들어오실 틈을 찾기 어려울 것입니다. 자신의 생각에 사로잡혀 있다면 세상의 모든 지혜가 밀려온다 해도 담을 공간이 없어 우리는 허기를 벗어나지 못할 것입니다. 세상이 밀림의 울창한 숲처럼 아름다운 선물을 준비해 놓았다 하더라도 광야의 모래처럼 내 마음을 메마른 것으로 가득 채워 하늘의 축복을 누리지 못한다면 인생은 고단하고 외로운 사막이 될 것입니다.

말라 가던 분재는 지인이 다시 살려 보겠다며 가져갔습니다. 한참 뒤 그 집에 가 보니, 죽어 가던 나무가 다시 푸른빛이 돌면서 싱싱하게 자라고 있었습니다. 나무 옆 창문 너머로 하늘의 맑은 햇살이 한가득 쏟아지고 있었습니다

"주님, 저를 완전히 다스려 주셔서 하늘의 빛을 담아내고 생명의 열매를 맺게 하소서."

꽃 한 송이 심으며

내가 꽃 한 송이 심는다고
그 흔한 꽃 한 송이 심는다고
세상은 달라지지 않을 것이다

내가 우는 아이 눈물에 슬퍼하고
내가 처마 잃은 새들에 아파해도
세상은 달라지지 않을 것이다

나의 손길이 닿지 않는다고 해도
나 하나가 사라진다 해도
세상은 어제와 다를 것이 없을 것이다

그래도 포근한 이슬 내린 아침에
기도를 올리고
잡초를 뽑고
땅을 일구어
한 송이 꽃을 심는다
또 한 송이 꽃을 심는다

언젠가 꽃이 피어나고
바람이 불어 꽃향기 흘러
새들이 찾아와 노래할 수 있다면
눈물짓는 아이 손에
꽃 한 송이 쥐여 줄 수 있다면

난 오늘도 지구 한 모퉁이에

한 송이 꽃을 심는다

손톱을 깎으며

내 나이 오십이 지나서도
매일 자라나는 손톱
손톱을 깎을 때마다
내가 살아 있음을 느낀다

흰 머리칼 잘라 내기를 그쳤는데도
지난달 깎은 머리카락이
눈을 조금씩 가릴 때마다
내가 아직 성장하고 있음을 느낀다

노년이란 석양이라고 누가 말했는가

아직 손톱이 자라고 있다면
아직 머리칼이 자라고 있다면
우리는 살아 있는 사람이다
살아야 할 이유가 있는 사람이다

진정함이란

십수 년 전 프랑스를 처음 방문했을 때 가장 먼저 들른 곳이 반 고흐의 무덤이었습니다. 고흐가 마지막 70일을 살았던 오베르 마을은 파리에서 30킬로미터 정도 떨어진 근교에 있습니다. 그가 묵었던 곳은 당시에 값싼 여인숙이었습니다. 뼈대만 남은 침대가 고흐의 초라했던 삶을 보여 줍니다. 마을 거리 곳곳에는 고흐의 작품이 걸려 있습니다. 구불구불한 골목을 따라 오르면 오래된 오베르 교회가 나옵니다. 교회를 지나 언덕으로 올라가면 고흐가 자살했다고 알려진 밀밭이 나오고, 그 아래 고흐의 무덤이 있습니다. 가톨릭 형식의 치장이 잘된 다른 무덤과 달리 그의 무덤은 푸르고 작은 나무로 덮여 소박했던 생전 삶을 보여 줍니다.

프랑스 하면 대부분 에펠탑이나 루브르 박물관이 먼저 떠오르겠지요. 저 같은 목사에게는 종교개혁의 불꽃인 장

칼뱅의 고향 누아용이 떠오릅니다. 그렇지만 제가 고흐를 먼저 찾아간 데는 이유가 있었습니다.

대학원에서 영시를 공부한 후 신학대학원에 들어갔습니다. 목회자가 되는 것이 목적이 아니라, 예수님이 공생애를 시작하셨던 30세가 되면 평생 그렇게 살지는 못해도 젊은 날 3년은 주님처럼 오직 복음 전파와 사랑 실천을 위해 치열하게 살기를 원했기 때문입니다.

자연과 인생을 노래하는 영시가 지상의 기쁨을 선물했다면, 성경은 하늘의 감격을 안겨 주었습니다. 그러나 신학 공부를 깊이 할수록 말씀에 대한 감격보다 분석하고 비판하는 학문적 흐름에 제 신앙마저 흔들릴 위기가 찾아왔습니다. 신학대학원 2학년이 되었을 때는 신학 공부를 계속해야 하는가, 중단해야 하는가를 놓고 고민했습니다. 그때 저는 하늘이 열리는 경험을 했습니다. 어떤 신비한 체험이 아니라, 고흐가 쓴 편지의 한 문장 때문이었습니다.

평생 딱 한 점의 그림밖에 팔지 못했던 무명의 화가 고흐는 그림을 향해 전 인생을 불태운 사람입니다. 청년기에는 네덜란드 개혁파 목사였던 아버지를 따라 목회자가 되기 위해 신학교에 들어갔지만 중퇴합니다. 1878년에는 벨기에의 가난한 탄광촌에 들어가 평신도 설교자로서 정성 다해 사람들을 돌보기도 했습니다. 1880년이 되었을 때 고흐는 목회자의 꿈을 접고 본격적으로 화가의 꿈을 추구하기 시작합니다. 그가 평생 그림에 몰두할 수 있었던 것은 네 살 아래 동생 테오의 지극한 재정 후원 덕분이었습니다. 고흐는 극심한 정신장애와 빈곤 속에서도 자신의 그림에 대한 열정 하나로 평생 900여 점의 그림과 1,100여 점의 습작들을 남겼습니다.

고흐는 테오에게 600통이 넘는 편지를 썼습니다. 그 편지를 묶어 만든 책이《반 고흐 영혼의 편지》입니다. 어느 날 그 책에 눈길이 멈추었습니다. 편지글에는 고흐의 주님을 향한 열정과 그분이 만드신 세상을 캔버스에 담으려 몸부림친 흔적이 고스란히 녹아 있었습니다. 책을 정신없이 읽다가 한 구절에서 심장이 멈추는 듯했습니다.

"진정한 화가는 캔버스를 두려워하지 않는다. 오히려 캔버스가 그를 두려워한다."

신학 공부를 두고 고심하던 제 가슴에 그 한마디가 번개처럼 새겨졌습니다. 즉시 글을 바꾸어 기록했습니다.

"진정한 신자는 학문을 두려워하지 않는다. 학문이 그를 두려워한다."

그날로 신학 공부를 계속할 것인가 고민하던 것을 접고 하나님을 절대적으로 의존하는 심정으로 신학의 세계에 뛰어들었습니다. 세상 속에서 치열하게 살아가는 우리 신앙의 형제자매들에게 이렇게 이야기해 주고 싶습니다.

“진정한 신자는 세상을 두려워하지 않는다. 세상이 그를 두려워한다.”

독수리처럼

찬바람 하늘을 울리는 날
오랜 세월을 이겨 낸 고목 꼭대기에
바람을 맞으며 앉아 있는 독수리 한 마리
밤이 찾아오면 깃털 쉴 곳도
내일 사냥할 먹을거리도 걱정하지 않는다

내 한 번 살아가는 인생길에
독수리처럼 푸른 하늘을 날지는 못해도
폭풍 몰아치는 밤을 두려워하지 않으며
마음이 가는 곳으로 거침없이 날개를 펼치며
땅 위에서 하늘을 바라보며 살아가리라

설렘

단풍 곱게 물들어 가는 가을날 오후
지인의 문자 하나가 호흡을 가파르게 한다
'설렘'

얼마나 오랫동안 잊고 살아 온 말인가
정녕 설렘이란 의미를 몰라서가 아니다
날마다 심장이 뛰고 있어도
저렇게 셰넌도어가 붉어 가는데
길가의 패랭이꽃도 하늘을 향해 잔잔히 피어나는데
뜨거운 가슴을 잃어버리고 사는 데는
처음 설렘을 끝까지 간직하지 못한 까닭이다

설렘은 봄날 꽃향기에만 들어 있는 것이 아니다
찬란한 별들이 온 밤을 수놓아야만 떠오르는 것도 아니다

설렘은 내가 살아 있다는 것
꿀을 찾는 벌새의 날갯짓에도 감탄할 줄 아는 것
어린아이 소박한 웃음소리에 미소를 지을 줄 아는 것
내 혈맥 세포마다 뜨거운 피가 흐르고 있다는 증거다

부디 내 살아 있는 마지막 날까지
오늘도 떠오르는 태양에 눈물지으며
길거리에 흘러나오는 음악에 걸음을 멈추며
매일 새로운 마음으로 오늘을 맞이하기 바란다
시작이 설렘이듯 매일 설렘으로 하루를 마치길 바란다
언젠가 땅 위의 호흡이 다하는 날
그 설렘으로 주님 얼굴 뵙기 원한다

예수님의 이름으로 기도합니다

2021년 1월 20일 조 바이든(Joe Biden) 미국 대통령 취임식에서 실베스터 비만(Silvester Beaman) 목사는 다음과 같이 기도를 마쳤습니다.

In the strong name of our collective faith, Amen.
(다양한 종교의 이름으로, 아멘.)

같은 해 1월에 미국의 제117차 국회개원기도회 때는 임마누엘 클리버(Emanuel Cleaver) 목사이자 하원의원이 이렇게 기도를 마쳤습니다.

We ask in the name of the monotheistic god,
Brahma, and god known by many names
by many different faiths. Amen and a-woman.

(유일신인 브라마, 그리고 다양한 종교의 여러 신의 이름으로 기도합니다. 아멘, 아위먼.)

목사로서 그렇게 기도를 마치는 것에 저를 비롯한 많은 그리스도인이 실망과 아픔을 동시에 느꼈습니다. 저는 수년 전에 미국 하원개원기도회와 버지니아 주 상하원개원기도회를 인도할 기회가 있었습니다. 기도를 부탁받을 때마다 방송을 지켜보는 사람들과 의원들의 종교도 다양하기 때문에 기독교적인 민감한 표현을 자제해 달라는 공문서 지침도 함께 받았습니다.

미국 하원개원기도회를 인도할 때는 당시 존 베이너(John Andrew Boehner) 하원의장의 소개로 단상에 올라 삼위일체 하나님을 높이고 예수님의 이름으로 기도를 마쳤습니다. 그 후로 얼마나 많은 이메일과 전화 그리고 손편지를 받았는지 모릅니다. 외국인이 미국 국회에서 예수님의 이름으로 기도해 줘서 고맙다는 인사였습니다. 목사가 예수님의 이름으로 기도하는 일이 대단한 일처럼 칭찬받는 시대를 살아가고 있습니다.

버지니아 주 하원개원기도회 때도 기도를 인도하게 되었습니다. 의회에 도착해서 저를 인도해 준 의원에게 기도하기 전에 물었습니다.

"의원님들 종교가 어떻게 됩니까?"

"개신교, 가톨릭, 이슬람, 힌두교, 유대교, 무종교 등 다양합니다."

저는 또 물었습니다.

"예수님의 이름으로 기도해도 좋겠습니까?"

"그럼요, 목사님인데요."

당연히 하나님을 높이고 예수 그리스도의 이름으로 기도를 마치고 내려오는데, 모든 의원이 일어나서 박수를 쳤습니다. 저는 목회자에 대한 기본 예의인 줄 알았지만 그것이 아니었습니다. 팀 휴고(Tim Hugo) 의원이 제 손을 반가이 잡으며 이렇게 말했습니다.

"목사님, 너무나 오랜 만에 예수님의 이름으로 기도하는 목사님을 만났습니다. 왜 목사님들이 예수님의 이름으로 기도하는 것을 두려워합니까?"

2022년 초에도 버지니아 주 글렌 영킨(Glen Youngkin) 주지사의 초청으로 상원개원기도회를 인도하게 되었습니다. 버지니아 주 청사가 있는 리치몬드로 일찌감치 차를 몰았습니다. 단 한 번의 기도이지만 참석한 의원들이 청교도들의 정신 위에 세워진 미국의 건국 정신을 가슴에 새길 수 있기를 바라며 간절한 마음으로 기도했습니다. 미국 헌법에 각인되어 있는 성경적 정신이 정치인들의 가슴에 새겨져야 가장 국민을 위한 섬김의 정치가 가능할 것이기 때문입니다.

늘 그렇듯이 이번에도 종교적 용어를 자제해 달라는 지침을 받았지만 예수님의 이름으로 기도를 준비했습니다. 청사에 들어가 두 사람의 안내를 받아 제 자리에 앉았습니다. 회의가 시작되기 직전에 사회를 보던 윈섬 시어즈(Winsome Sears) 부지사가 저를 살짝 불렀습니다. 그는 자메이카 출신으로, 흑인으로도 최초이지만 여성으로도 최초로 버지니아 주의 부지사가 된 인물입니다. 그는 저에게 악수를 먼저 건네고, 귀에 손을 대고 속삭였습니다.

"목사님, 오늘 목사님이 믿고 있는 하나님께 평소처럼 기도해 주시기 바랍니다."

그 순간 하나님이 하늘에서 미소 짓고 계신다는 생각이 들었습니다.

A.W. 토저는 《세상과 충돌하라》는 책에서 외칩니다.

"하나님은 세상과 적당히 타협하는 편한 길을 철저히 반대하신다. 세상과 불화하라. 겁먹지 말고 당당히 맞서라."

그렇습니다. 세상은 그리스도인이라면 신자다운 모습을 보여 주기를 기대합니다. 세상과 발맞추어 걸어가는 한 종교인이 아니라 우리가 믿고 있는 진리가 참이라면 그 진리를 위해 기꺼이 내 삶을 드릴 수 있는 진정한 그리스도인이 되기를 바랍니다.

오직 당신과 함께

저마다 자유를 외치며
자기 길로 달려갈 때
말 없는 제자되어
당신 뒤를 따르겠습니다

땅 위에서 살아가는 날 동안
절망의 먹구름이 드리워
어둠 속에 잡히는 것 없어도
보이는 것 없어도

오직 당신에게만 눈멀게 하시고
당신으로 하여금 눈 뜨게 하소서
오직 당신으로 하여금 저를 주관하게 하소서
오직 당신으로 하여금 저를 숨 쉬게 하소서

세속의 화려한 길을 벗어나
당신과 함께 걷는 삶이
위대한 인생임을 알게 하소서
그 삶이 아무리 누추하다 하더라도

주님, 당신과 일생 동행하기 위해
매일 동행하게 하시고
호흡마다 같은 숨결 가누게 하소서

첫눈

온 세상 물들인 단풍에
연인들 걸음 늦추는데

늦가을 하늘을 열고
쏟아지는 눈

내리는 눈은
사흘이라도 내리라지

사람들 흘리는 눈물
멈출 때까지

세상 덮은 어둠
환해질 때까지

내리는 눈은
사흘이라도 내리라지

시대를 뚫고 나갈 창조적 소수

인류 문명의 발달과정을 잘 보여 주는 역사책 가운데 아놀드 토인비(Arnold Joseph Toynbee)가 쓴《역사의 연구》(A Study of History)가 있습니다. 이 책에서 중요하게 말하는 두 단어가 나옵니다. 도전과 응전(challenge and response) 그리고 창조적 소수(creative minority)입니다. 인간 사회가 새롭게 발전할 때 반드시 다가오는 도전이 있습니다. 이 도전을 해결하기 위해 사람들은 다양한 노력을 시도합니다. 이것이 응전입니다. 역사의 중요한 순간마다 다가오는 어둠을 돌파하고 나올 때 인류는 발전을 거듭해 왔습니다.

토인비는 인류 문명 발전사에 대해 기존의 생각과 전혀 다른 접근을 시도합니다. 일반 역사가들은 문명이 발전하려면 안락한 환경이 필요하다는 것을 강조해 왔습니다. 인류의 4대 문명 발생지의 배경을 말할 때 좋은 환경이라는 공통점이 있다고 가르쳐 왔습니다. 인더스강의 인더스 문명, 티그리스, 유프라테스강의 메소포타미아 문명, 나일강의 이집트 문명, 그리고 중국 황하강의 황하 문명입니다. 모두 강을 중심으로 교통이 편리했고 농경시대에 물 공급이 풍부한 지역이었습니다. 좋은 환경이 문명 발전의 근거라는 말입니다.

토인비는 이러한 기존 세계관에 혁명적 수정을 요구합니다. 인류 문명의 발전을 주도한 요인은 편안한 환경이 아니라, 오히려 고난과 역경을 극복하는 과정이라고 주장합니다. 토인비의 가르침은 설득력이 있습니다. 나일강은 범람해서 농사를 짓기에는 좋지만 인간이 살기에 적합한 지역이 아닙니다. 나일강이 넘치는 것은 인간 세상에 또 하나의 도전이었습니다. 인류는 이에 응전하기 위해 나일강의 범람 시기를 정확하게 측정하기를 원했고, 이런 필요성이 천문학과 기하학의 발전을 가져와 결국 인류 문명 발전을 앞당겼습니다.

중국 문명의 젖줄인 황하도 마찬가집니다. 중국 란주에 몇 차례 방문했을 때 황하의 물줄기를 자주 보았습니다. 황하는 그 이름처럼 사시사철 흙탕물이 흐르는 강입니다. 좋은 환경이 아니라는 것입니다. 어둠을 뚫고 돌파하는 그 누군가를 통해 역사는 발전해 왔습니다. 토인비는 이런 사람을 창조적 소수라 부릅니다.

기독교 역사도 마찬가집니다. 역사의 어둠이 세상을

덮을 때마다 시대의 등불처럼 하나님 앞에 나타난 사람들이 있습니다. 성경의 열두 제자는 유대교를 뚫고 십자가의 복음으로 사도행전의 주인공이 되었고, 예수님을 믿다가 순교당했던 수많은 그리스도인은 로마의 칼날을 뚫고 부활의 복음으로 세상을 바꾸어 놓았습니다.

사도 바울, 그 한 사람이 하나님 앞에 변화받았을 때 그로 말미암아 지중해의 영적 지도가 바뀌게 됩니다. 중세의 어둠을 뚫고 진리를 선포한 마르틴 루터 한 사람으로 종교개혁의 불길이 일어났고, 복음을 위해 생명을 던진 장 칼뱅 한 사람으로 종교개혁은 찬란한 꽃을 피웠습니다. 친첸도르프(Zinzendorf)라는 한 사람으로 온 세상을 그리스도의 핏빛으로 물들인 선교 역사가 활발하게 전개되었습니다.

팬데믹 시대에 코로나 바이러스는 육체의 생명을 위협하지만 더 무서운 것은 영혼의 건강을 위협하는 영적 팬데믹입니다. 한국과 미국 그리고 온 세상은 현재 영적 팬데믹으로 몸살을 앓고 있습니다. 성경이 하나님의 말씀이라는 신앙이 무너지는 세상, 예수 밖의 다른 구원의 길을 강조하는 사람들, 그리고 하나님이 세운 원리를 따라 남녀가 맺어져야 함에도 동성애가 합법화되는 시대를 맞이했습니다. 세상에 빛과 소금으로 부름받은 그리스도인이 어느 때보다 세상의 지탄을 받고 있는 안타까운 시대에서 있습니다. 기독교가 젊은이들에게 영향을 미치지 못하는 시대에 살고 있습니다.

오늘날 교회는 기독교 역사 가운데 가장 큰 영적 도전 앞에 직면해 있습니다. 인류 역사의 발전이 보여 주듯이 이런 시대를 뚫고 하나님 나라를 위해 새로운 활력을 심어 줄 하나님의 사람이 절실합니다. 누가 역사의 도전 앞에 영적으로 응전하여 하나님 나라를 세워 가겠습니까? 이 사명을 위해 가슴 아파하고 치열하게 기도하며 길을 만드는 사람, 하나님은 오늘도 이런 창조적 소수를 찾고 계십니다.

모두가 떠난 그곳에

노르웨이 할덴
돌 벽에 싸여
400년 역사를 안고
바다를 지키는 프레드리크스텐 성

푸른 하늘이 내려앉은 바다
햇살 가득 축복받은 땅에
하늘에서 내리는 가벼운 빗줄기

성곽 끝에서 오색 쌍무지개 떠올라
바다 한복판에 찬란하게 빠진다

긴 세월
성을 빼앗으려 침략한 왕,
성을 지키던 병사들,
성을 청소하던 하녀들,
바다를 항해하던 사공들 다 떠나도

긴 세월
성을 지키고
도시를 지키고
바다를 지켜 온 하늘의 무지개 다시 떠올라
멀리서 온 손님을 반긴다

Part 4

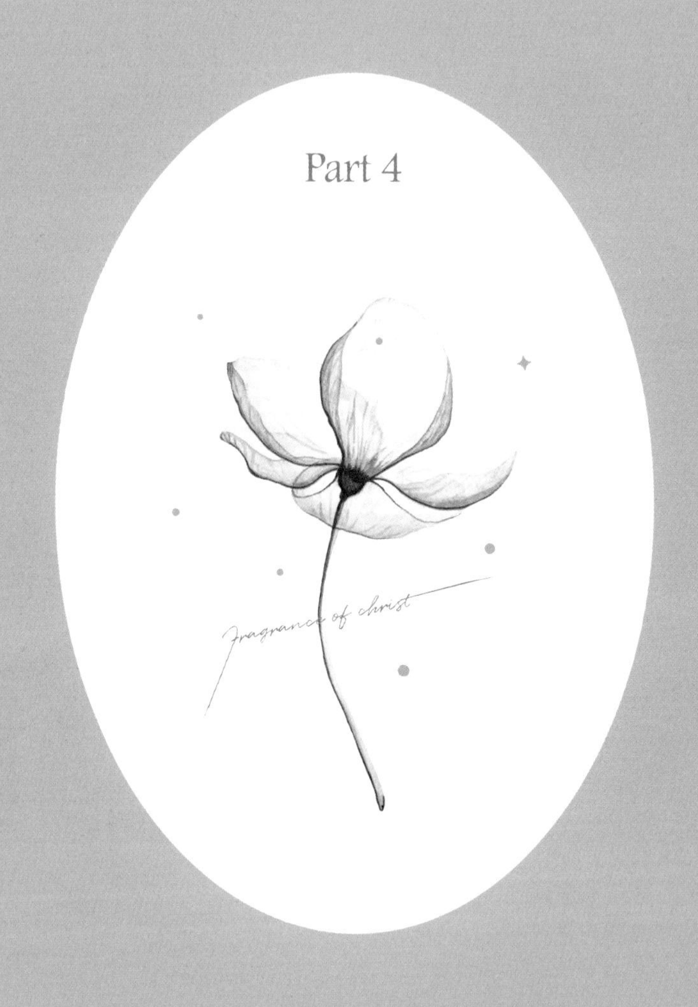

향기는 마침내
열매를 맺는다

거울이라는
선생 앞에서

영화 백야의 주인공 미하일 바리시니코프(Mikhail Baryshnikov)는 전설의 무용수로 잘 알려져 있습니다. 2001년에 한국을 방문했을 때 기자들이 물었습니다.

"어떻게 그 많은 세계적인 무용수를 길러 내셨습니까?"

그의 대답은 참 놀라웠습니다.

"전 세계의 걸출한 무용수들을 길러 낸 진짜 최고의 스승이 누군지 아십니까? 거울입니다. 예술이라는 쉽지 않은 긴 여정에서 꾸준히 성장하고 최선의 내가 되기 위해 지금의 잘못된 나를 나무라고 가르쳐 줄 단 하나의 존재, 나를 지켜보고 있는 나 자신입니다. 거울에 비친 자신의 모습을 정직하게 보는 사람만이 진정한 무용수가 될 수 있습니다."

그의 말처럼 거울은 여러 면에서 우리 인생의 친구요 선생입니다.

저는 거울 보는 것을 좋아합니다. 때론 지나가다가 거울이 있으면 잠시 멈추고 매무새를 확인하기도 합니다. 거울 보는 것을 처음부터 좋아했던 것은 아닙니다. 청소년 시절에는 거울 보는 것을 그리 좋아하지 않았습니다. 거울 속에 비친 나를 보며 어려운 환경들, 그 상황의 무게에서 벗어나기 어려웠던 스스로를 확인할 때마다 슬펐습니다. 거울 속에는 어두웠던 제 마음이 있었고, 제 속에 흐르던 고통의 그림자가 고스란히 비쳐 보였습니다. 때로는 어떤 환경이라 해도 잘 딛고 일어나리라는 다짐을 하며 마음을 다시 붙들고 거울 앞에서 눈물을 훔치던 날도 많았습니다.

그러나 대학교에 들어가 예수님을 인격적으로 만나며 거울 보는 자세가 달라졌습니다. 거울 속에 비친 내 모습을 보는 것이 너무나 행복했습니다. 예수님 안에서 나에 대한 새로운 모습을 발견한 후에 바라본 거울 속 내 모습은 빛나는 보석과도 같았습니다. 단지 아름다운 것만을 발견해서가 아닙니다. 부족한 사람을 따스한 사랑의 눈으로 바라보시고 자비한 손으로 빚어 가시는 예수님의 모습이 거울 속에 스며 있기 때문입니다. 처음에는 자신의 모습에 낙심하게 되지만 주님의 눈을 바라보며 소망의 노래를 부르게 됩니다.

우리가 하나님 앞에 서는 날, 그분의 영광의 광채 앞에서 우리 모습이 환하게 드러날 날이 올 것입니다. 지나간 아픔도, 어두운 날들도, 남모르게 흘렸던 눈물도 다 사라질 날이 분명히 올 것입니다. 그날에 사모하는 주님과 두 눈을 마주하고 서로를 행복하게 바라볼 것입니다. 그날까지 거울 속 내 모습이 날마다 주님을 조금씩 더 닮아 가기를 소망합니다. 그 영광의 주님 앞에 설 때까지 계속해서 말씀과 기도를 통해 거울 보기를 할 것입니다. 거울은 여전히 나를 일깨우는 최고의 선생입니다.

당신 앞에 서는 날

나 주어진 한 번의 삶을
세상이라는 무대에서
당신의 눈을 바라보며
아름다운 노래 부르게 하소서

당신의 선율을 따라 부르는 나의 노래가
눈물짓는 사람에게 위안이 되고
외로운 사람에게 친구가 되어
당신을 보여 주는 편지가 되게 하소서

무대를 밝히는 빛 하나둘 사라지고
내 삶의 커튼이 내리는 날
당신이 그려 놓은 하늘의 음률
못다 부른 노래 남기지 않도록

오늘이 마지막 무대처럼
내 전부를 바쳐 그렇게 노래하다
하늘이 열리고 당신이 부르는 날
당신 앞에 서게 하소서

마지막에 대하여

마지막이란 말은 평범하게 여겼던 일상의 소중함을 일깨워 줍니다. 알퐁스 도데(Alphonse Daudet)의 단편 소설《마지막 수업》에 나오는 이야기입니다.

프랑스 알자스 지방에 살았던 프란츠는 평소에 공부보다 뛰어노는 것을 좋아했던 소년입니다. 어느 날 학교에 갔을 때 교실 분위기가 평소와 전혀 달랐습니다. 독일에 귀속된 알자스 로렌 지방의 모든 학교에서 앞으로 프랑스어가 아닌 독일어로 수업하라는 명령을 받은 것입니다. 그날이 프랑스어로 하는 마지막 수업이었고, 아멜 선생님은 칠판에 "Vive La France"(프랑스 만세)를 남기고 이야기는 끝납니다. 평소에 평범하게 사용했던 모국어가 그렇게 소중하게 보일 수 없었습니다.

팬데믹은 교회에서 예배하고 사랑하는 가족과 지인을 만나 얼굴을 마주하고 차를 마시는 일 같은 일상의 평범함이 얼마나 소중한지를 깨닫게 해 주었습니다. 따스한 손을 잡고 악수하고, 서로 존중하며 가볍게 안아 주는 것이 얼마나 아름다운 일인지, 자라나는 아이의 머리를 쓰다듬으면서 격려하는 것이 얼마나 행복한 일인지 새롭게 깨닫게 되었습니다. 이제는 예배를 마치고 반가운 성도들과 악수하는 것도 조심스러운 상황이 되었습니다.

마지막이란 말은 삶에서 정말 중요한 것이 무엇인지 가르쳐 줍니다. 나의 삶에 오늘 하루만 주어진다면 무엇이 가장 소중하다고 말하겠습니까? 톨스토이는 인생에서 가장 중요한 것에 대해 말하는 그의 단편《세 가지 질문》에서 "가장 중요한 시간은 현재이고, 가장 중요한 사람은 지금 곁에 있는 사람이며, 가장 중요한 일은 지금 곁에 도움을 필요로 하는 사람에게 사랑의 손길을 펼치는 일"이라고 했습니다. 하나님 앞에 부름받은 성도의 삶도 마찬가지입니다. 삶에서 가장 중요한 것은 지금 서 있는 자리에서 하나님을 사랑하고, 그 사랑을 곁에 있는 사람에게 나누는 일입니다.

위대한 삶은 남들이 부러워할 성공을 성취하거나 사람들의 박수를 받는 것이 아닙니다. 조그만 일에도 마음과 정성을 들여 사람을 세우고 주어진 일에 성실할 때 그것이 아름다운 삶을 대하는 자세입니다. 삶의 소중함은 유한한 시간을 인식할 때 더욱 깊이 다가옵니다. 하나님이 오늘이라는 날을 허락하실 때 동녘의 태양은 떠오릅니다. 매일 새롭게 주어지는 오늘을 지상의 마지막 날처럼 여기고 살아간다면 우리는 삶의 소중함을 더욱 깊이 새기고 누리게 될 것입니다.

마지막이란 말은 하나님 앞에 서야 할 순간이 다가온다는 사실도 떠오르게 합니다. 마라톤에 임하는 사람이 고비마다 다가오는 역경을 극복할 수 있는 것은 반드시 결승점이 있다는 것을 알기 때문입니다. 주님의 제자들과 사도 바울도 다시 만날 주님을 바라보았기에 생명을 던지는 헌신이 가능했습니다. 기독교 역사에 수많은 사람이 주님 앞에 서는 그 영광스런 날을 바라보며 한 번뿐인 고결한 삶을 던졌습니다.

우리 삶에도 언젠가 땅 위에서의 여행을 마치고 하나님 앞에 서야 할 날이 옵니다. 그날 어떤 모습으로 설지는 우리에게 달렸습니다. 하루하루의 삶이 모여 우리의 전 인생을 형성할 것이고, 하루하루의 조각이 마침내 주님 앞에 설 그날의 모습도 결정할 것입니다.

오늘 자신의 모습을 주님의 거울 앞에서 한번 들여다보기 바랍니다. 지금 나를 바라보는 주님이 행복한 미소를 짓고 계신다면 잘 살고 있는 것입니다. 그렇지 않다면 우리는 지금의 삶을 새롭게 해야 합니다. 오늘 하루가 후회와 아쉬움이 없어야 언젠가 인생의 마지막 날을 보내고 주님 앞에 서는 그날이 기대와 감격으로 차오르게 될 것입니다.

마지막 잎새

늦가을 찬바람이 스쳐 간 나무
뜨거운 여름 함께 견뎌 낸 잎새 다 보내고
마지막 잎새 하나 떨고 있다

겨울은 점령군처럼 다가오는데
누구를 기다리는가
온몸을 떨면서 끝까지 기다려야 하는가

너무 외로워하지 마라
먼 길 날아가는 새들도 잠시 나뭇가지에 내려앉는다
가을 햇살이 빨갛게 물든 네 마른 몸을 잠시 따스하게 감싼다

찬바람 이는 아침에
아직 남아 있는 잎새를 보며
나도 아직은 가을을 노래하고 있으니

겨울밤

차가운 밤하늘에 달이 밝다
겨울밤 하늘이 달을 품은 맑은 호수 같다
한 떼의 기러기가 하늘을 가로지르며 날아간다
달 앞에 구름도 자리를 비켜 준다

달빛이 창문을 열고 들어온다
벽난로에 장작불이 타오르고 있다
마주한 노부부 찻잔에 차 향이 가득하다
발치에 앉은 개 한 마리 평화롭다

내일은 첫눈이 내릴 것 같다
그리운 사람의 편지도 올 것 같다
어디선가 봄이 오는 소리가 들려온다
내 인생의 겨울이 오늘밤 포근함 같아라

새롭고 영원한 세상을 기대하면서

죽음은 모든 사람이 피하고 싶은 단어이지만 누구에게나 반드시 한 번은 찾아오는 손님입니다. 하나님을 믿지 않는 사람에게 죽음이란 두려움의 대상이지만 하나님을 믿는 신자에게 죽음이란 삶을 마무리하는 완성의 시간입니다. 결승점에 도착한 마라톤 선수가 경주를 마무리하는 것과 같습니다.

한 번 태어나 어린 시절 부모님의 도움으로 자라나고, 오랜 세월 학교에서 학문과 인격을 연마하고, 세상에서 주어진 재능을 통해 자신의 인생을 펼치며 기여하다가, 어느덧 인생의 황혼이 찾아오면 세상과 이별을 준비합니다. 죽음이란 새롭고 영원한 세상을 맞이하는 시간입니다. 따라서 죽음이란 피해야 할 대상이 아니라 자연스럽게 맞이할 삶의 한 과정입니다. 사랑하는 사람을 만나 가정을 꾸리고 인생 2막을 정성껏 준비하듯, 죽음 또한 준비해야 합니다. 우리를 만드시고 세상에 보내시고 천국에서 우리를 기다리시는 하나님을 만나는 시간이기 때문입니다. 따라서 죽음은 당하는 것이 아니라 담담하고 평온하게 맞이해야 하는 것입니다.

목회를 하다 보면 많은 성도님을 하나님 품으로 보내드리게 됩니다. 주님을 신실하게 믿은 사람들의 아름다운 마무리를 아주 가까이에서 지켜보았습니다. 대부분 주님을 만나는 기대감으로 한결같이 소망 속에 평온하게 죽음을 맞이했습니다. 마지막 순간에 누리는 평강은 그가 성취한 업적과는 아무런 관계가 없습니다. 단 한 가지, 그의 마음속에 하나님을 신뢰하는 믿음이 있는가, 그렇지 않은가의 차이일 뿐입니다.

성경의 가르침을 보면 예수 그리스도를 믿는 사람에게는 더 이상 죽음이 없습니다. 예수님이 죽음을 이기고 부활하심으로 사망에게 사망을 선언하셨기 때문입니다. 군대를 제대한 후에 즐거이 군복을 벗고 새로운 옷을 갈아입듯이 육신의 호흡이 다하면 우리는 새롭고 영원한 생명의 호흡을 시작합니다. 이 영혼의 호흡은 예수님을 만나는 순간 시작되기 때문에 모든 그리스도인이 이미 누리고 있는 선물입니다. 예수님이 요한복음에서 믿는 사람에게 하신 말씀입니다.

예수께서 이르시되 나는 부활이요 생명이니 나를 믿는 자는 죽어도 살겠고 무릇 살아서 나를 믿는 자는 영원히 죽지 아니하리니 이것을 네가 믿느냐

요 11:25-26

하나님이 땅 위에서 허락하신 아름다운 삶을 행복하고 보람 있게 살아 내기를 바랍니다. 그리고 언젠가 주님께서 우리를 부르실 그날에는 맡은 사명을 잘 마치고 주님 앞에 서는 인생이 된다면 좋겠습니다. 그날이 언제 찾아온다 하더라도 아쉽지만 감사할 수 있는 것은 하나님이 만들어 놓으신 세상이라는 무대에서 행복한 소풍을 보내다가 저녁이 되어 아버지 집으로 돌아가는 시간이기 때문입니다.

우리가 서 있는 곳이 아무리 좋아 보여도 천국의 그림자보다 못합니다. 그리스도인에게 삶의 완성은 하나님과 함께 영원히 살아갈 천국에 들어가는 죽음의 순간입니다. 그러므로 우리는 죽음을 당하는 것이 아니라 기대감과 설렘으로 새로운 날을 맞이하는 것입니다.

해 질 녘

나는 해 질 녘
그 차분함을 좋아한다

세상을 밝히며 타오르는 태양도
온종일 부지런히 외치던 사람들의 함성도
모두 식혀 주는 해 질 녘
삶의 쉼표가 되는 그 시간이 좋다

나는 해 질 녘
그 고요를 좋아한다

햇살이 서산을 넘어 어둠이 내리면
밤을 맞이하는 고요한 노래가 시작된다

해 질 녘
그것은 하루의 끝이 아니다

수확이 끝난 빈 들녘에 서서
기도하는 부부의 모습처럼
아름다운 풍경은 없나니

언젠가 삶의 날개를 접고
나를 기다리는 당신 앞에 설 때

나는 해 질 녘

그 리듬에 맞춰 노래하리라

당신이 보낸 세상

삶은 아름다웠다고

삶은 위대했다고

어머니가
남기신 보물

오월은 계절의 여왕이라고 말하지요. 오월 하늘은 유리같이 맑고 거대한 대양처럼 푸름을 자랑합니다. 그러나 오월이 되면 제 가슴은 늘 그리움과 아픔으로 얼룩집니다.

어머니가 오월에 주님의 품에 안기셨고, 벌써 20년도 넘는 세월이 흘렀습니다. 시간이 아픔을 달래 준다는 말은 하나의 경구이지만, 어머니를 잃은 자식에게는 의미가 없는 말입니다. 시간이 흐를수록 죄송한 마음과 아픔이 깊어만 갑니다. 잔잔한 미소를 지으며 천국 길을 걷고 계실 어머니를 생각하며 언젠가 만날 날을 바라보는 것만이 오늘을 이겨 내는 유일한 힘입니다.

유학을 시작한 두 번째 학기에 어머니가 병원에 입원하셨다는 소식을 듣고 바로 한국으로 향했습니다. 어머니가 주님의 품에 안기실 때까지 한 달 동안 병원에서 함께 밤낮을 보냈습니다. 한밤에 들리는 기도 소리에 잠을 깨면 어머니는 "하나님, 세상의 아름다운 꽃들 가운데 이름도 없는 들꽃같이 작은 저를 기억해 주십시오" 하고 기도하곤 하셨습니다. 어머니가 없는 세상에서 그 긴 세월을 어떻게 지내 왔는지 아련할 때가 있습니다.

어머니가 남기신 몇 가지 소중한 보물이 있습니다. 그 가운데 하나가 한 학기가 끝나면 담임선생님께 편지를 쓰게 하신 일입니다. 초등학교 1학년 박희옥 선생님께는 여름 방학과 겨울 방학에 고맙다는 편지를 썼고, 초등학교 2학년 황영자 선생님, 3학년 이동필 선생님, 4학년 손광언 선생님…, 그렇게 고등학교를 졸업하기까지 12년 동안 그해의 담임선생님께 감사의 편지를 썼습니다. 가끔 답장을 해 주신 선생님이 계셨는데, 그럴 때면 행복에 젖곤 했습니다.

대학교에 들어가서는 담임선생님이 따로 없고 열한 과목의 수업을 들었기 때문에, 첫 여름 방학 때 열한 분의 교수님께 편지를 썼습니다. 교수님들은 본인 평생에 학생에게 손 편지는 처음 받아 본다고, 고맙다며 인사를 해 주셨습니다. 영시를 가르친 최영자 교수님은 20년이 지나서도 그 편지를 귀하게 간직하고 있다고 하셨습니다. 제게는 학기가 지나면 스승에게 고마움을 담아 편지 쓰는 일이 당연한 일이었는데, 그제야 그것이 특별한 일이라는 사실을 깨달았습니다. 아쉽게도 모든 교수님께 편지를 쓰는 것은 대학교 1학년 때가 마지막이었습니다.

아름다운 오월에 어머니께서 남겨 준 소중한 가르침을 오늘도 가슴에 새기면서 제 최고의 스승이신 예수님께 고마움과 사랑을 고백하고 싶습니다.

"주님, 당신이 저의 최고의 기쁨이요 지고한 만족이요 삶의 의미입니다. 연약한 저를 품으시고 넘어진 저를 일으켜 세워 주시는 나의 주님, 주님이 저의 최고의 선생님이십니다. 저의 심장 깊은 곳에서 주님께 고백하고 싶습니다. 고맙습니다."

뒷밭에서

고향 뒷밭은 어머니다

어머니 흘린 땀 먹고 자라난 뒷밭 정구지
어머니 밤늦도록 떡잎 고르고 물 축여
새벽 장에 팔기 위해 잠을 설친다

어머니 햇볕에 탄 얼굴만큼 검붉은 고구마
죽 잡아당기면 끊어질 듯해도
그 끈질긴 고구마 줄기
어머니 야윈 손가락 닮았다

사십 년 세월 흘러도
고향 하늘에는 종달새 노래하고
대지에는 들풀 가득한데

뒷밭에 서서
어머니 부르던 노래 흥얼거리다가
어머니 어머니
목 놓아 어머니를 부른다

길고 긴 강을 건너

사람들이 말하지요
세월이 약이라고

세월은 고통과 아픔 지워 준다고
태양은 내일 아침 다시 떠오른다고

어머니 떠나신 지 20년
그 길고 긴 강을 어떻게 건너왔는지 모릅니다

어느 누구와도 나눌 수 없던 세상사도
어머니와는 나누었는데

어머니 없는 세상은 사막,
황량한 빈 들녘

시골 동네 입구에 닿아 어머니를 부르며
집 안으로 달려가던 아들

그 길고 긴 20년의 강에
지금 포근한 눈이 내리고 있네요

어머니,
나의 어머니

스승의 은혜는 하늘 같아서

"당신을 위해 학칙을 뒤로하고 기회를 주는 것은 쉽지 않았지만, 매우 잘한 결정이었다 생각합니다."

박사과정을 담당하는 데이비드 퍼킷(David Puckett) 교수님의 편지를 읽으면서 눈물이 뺨을 타고 내렸습니다. 오랜 세월 제 가슴에 삶으로 하나님의 사랑을 보여 준 스승이 떠올라서입니다.

저는 마지막 학기에 종합고사, 논문 제안서, 학위논문을 동시에 마치기 원했습니다. 제가 학업을 빨리 끝내고자 하는 데는 이유가 있었습니다. 위험과 고난 속에 호흡하는 동료들을 뒤로하고 선교지에서 돌아온 저는 젊은 날 도서관에서 편안하게 책을 넘기는 것이 죄를 짓는 것처럼 느껴졌습니다. 학업을 속히 마치고 주님께서 맡기시는 사명을 위해 나아가리라 매일 다짐했습니다.

하지만 학교 규정은 그렇게 빨리 학위를 마칠 수 없었

습니다. 저를 지도한 허셜 요크(Hershael York) 교수님이 특별 요청을 했지만 한 학기를 더 보내야 논문을 쓸 수 있다는 통보를 받았습니다. 요크 교수님은 한 번 더 청원해 보자고 제 어깨를 두드렸습니다.

맑은 하늘이 자유를 노래하던 어느 봄 날 요크 교수님이 저를 불렀습니다. 논문을 지도하는 다른 두 교수님께 제가 논문 쓸 자격을 얻을 수 있도록 총장 앞으로 편지를 보낼 것을 요청했다는 말씀이었습니다. 그리고 교수님은 제 가슴에 영원히 지워지지 않을 한마디를 남겼습니다.

"자네가 빨리 마치는 것은 좋지만 내가 주저하는 것이 하나 있다네."

급하게 논문을 쓰기 때문에 내용을 부실하게 쓰지 말라 당부할 것이라 생각했습니다.

"내가 유일하게 주저하는 것은 자네와 너무 빨리 작별 인사를 해야 한다는 것이라네."

요크 교수님의 한마디는 저의 부족한 지성에 날개를 달아 주었습니다. 책을 넘기고 글을 쓸 때마다 다짐했습니다.

'내 이름을 떠올릴 때마다 요크 교수님께 영예로운 제자로 남으리라.'

오월이 시작되면서 방금 깎은 잔디의 풋풋한 내음이 교정에 흐를 때였습니다. 요크 교수님은 학생들과 찻집에서 수업을 가졌고, 그것이 제 인생에 학생 이름으로 가진 마지막 수업이었습니다. 저는 잔잔한 음악이 흐르는 그 찻집에서 일어나 "스승의 은혜"를 영어로 불렀습니다.

> 스승의 은혜는 하늘 같아서
> 우러러볼수록 높아만 가네
> 참 되거라 바르거라 가르쳐 주신
> 스승은 마음의 어버이시라

교수님은 저에게 어버이 같은 분이었습니다. 제게 도움이 필요할 때는 새벽 6시에도, 밤 9시에도 논문을 들고 집으로 찾아오라고 말씀하곤 했습니다.

> 아아 고마워라 스승의 사랑
> 아아 보답하리 스승의 은혜

제가 노래하는 동안 교수님은 입가에 잔잔한 미소를 머금었지만 눈에는 눈물이 고였고, 마침내 뺨을 타고 흘러내렸습니다. 교수님의 삶은 제가 어떤 사람으로 살아야 할지 보여 주는 거울이 되었습니다. 따라가야 할 스승을 가진 사람은 행복합니다.

그리고 마침내 저는 학교 150년 역사 중에 가장 빨리 학위를 마친 학생이 되었습니다.

아버지, 사랑하고 존경합니다

2015년 여름, 아버지의 건강이 좋지 않다는 소식을 듣고 한국으로 향했습니다. 한 주 먼저 한국에 와 있던 아내와 함께 아버지가 입원하고 계신 병원 중환자실로 들어갔습니다. 평소의 건장한 모습은 간곳없고 앙상한 뼈마디를 드러내고 코와 목에 튜브를 끼운 아버지가 계셨습니다. "아버지를 보면 많이 놀랄 거예요"라던 아내의 말이 실감이 났습니다.

아들의 목소리에 눈을 뜨신 아버지는 한마디 말씀도 못 하신 채 환하게 웃으며 제 두 손을 잡으셨습니다. 그리운 아들을 위해 아버지가 보여 줄 수 있는 가장 반가운 표현이었습니다.

아버지는 1925년에 태어나셨고 일제강점기의 아픔을 겪고 6·25전쟁에 참여하셨습니다. 포항 형산강 전투에서 가슴에 파편을 맞고 제대할 상황이었는데, 죽어 가는 친구들을 보면서 제대를 거부하고 거제도 북한 포로수용소에서 경비 서는 일을 하셨습니다. 평생 가난한 농부로 살아오셨고, 70세가 되어 서울로 오신 후 신앙을 갖기 시작하셨습니다. 오래 전에 먼저 돌아가신 어머니에게 늘 미안해하신 아버지는 참 성실하고 인자한 분이십니다. 글읽기를 좋아하셔서 한나절 꼼짝도 하지 않고 책이나 신문을 읽을 수 있는 분이셨습니다. 읽은 지가 70년도 지난 책을 줄줄 외우시는 것을 보면 신기합니다. 아버지는 언변과 목소리도 좋으셔서 쉼 없이 말씀도 하시고, 연세가 지긋하실 때도 전화를 받으시면 사람들이 아들인 줄 착각하는 일도 더러 있었습니다.

저는 학교를 들어가기 전부터 아버지에게 콩과 고구마를 어떻게 심는지, 보리와 벼는 어떻게 베는지, 소 풀과 토끼풀을 벨 때 낫을 사용하는 방법이 어떻게 다른지, 산에서 나무는 어떻게 자르는지 등을 배웠습니다. 그렇게 유년시절을 보내고 자라면서 아버지에게 한자와 일본어를 배웠습니다. 아버지는 붓글씨도 잘 쓰셔서 한글이든 한자든 따라 쓰다가 저도 좋은 필체를 가지게 되었습니다. 초등학교 문턱에도 가 보지 못하신 아버지가 어디에서 그 많은 학문을 익히셨는지, 저도 아버지의 머리를 이어받았다면 얼마나 좋았을까 하는 생각도 자주 했습니다.

중학교를 졸업할 때는 이웃 마을에 한학을 가르치는 분

에게 가서 배우게 하셨습니다. 당시에 '서당'이라고 알려진 집에서 평생 한학을 연구하던 분에게 처음으로 배운 것이 '명심보감'이었습니다. 서당 선생님이 첫 시간에 내어준 숙제가 아직도 생생합니다. 고장난명(孤掌難鳴)! 이 사자성어의 의미를 해석해 오라는 것이었습니다.

요즘 같은 시대라면 인터넷을 통해 10초면 의미를 파악하겠지만 당시에 이 의미를 풀기 위해 얼마나 고민했는지 모릅니다. 고장난명, 외로운 손은 울기 어렵다! 아무리 고민해도 답이 떠오르지 않아 결국에 아버지께 여쭈었습니다. 아버지는 저에게 손뼉을 쳐 보라고 하셨습니다. 두 손으로 손뼉을 쳤더니, 이번에는 한 손으로 쳐 보라고 하셨습니다. 한 손으로 손뼉이 쳐질 리가 없습니다. 그제야 그 의미가 이해되었습니다. 다음 날 서당 선생님께 '무엇이든 혼자서는 일을 이루기 어렵다'라고 말씀 드렸더니 어떻게 그것을 깨달았느냐고 기뻐하셨습니다. 저는 아버지가 가르쳐 주신 사실을 말하지 않았습니다.

미국에서 담임목사로 오라는 요청을 받고 결정하는 데 가장 어려웠던 이유 가운데 하나가 아버지였습니다. 당시에는 아버지를 모시고 살았는데 이미 연세가 90세 가까이 되셨기 때문에 목회하는 중에 돌아가실 것을 생각하니 한국을 떠난다는 것이 쉽지 않았습니다. 아버지께 말씀을 드렸더니 어떤 일이든 네가 기쁜 대로, 네가 원하는 대로 하는 것이 가장 좋은 결정이라고 하셨습니다.

저는 아버지를 모시면서 나름대로 최선의 정성을 쏟았습니다. 하루종일 아버지를 돌보실 수 있는 분의 도움을 받아 매일 오전에는 병원에서 물리치료를 받도록 하고 오후에는 아버지가 원하시는 곳에 모셔다 드리곤 했습니다. 그러나 아버지는 저보다 동생 집에 머무시는 것을 훨씬 더 편안해 하셨습니다. 동생은 친구처럼 아버지를 대하는데 저는 모범생처럼 아버지를 대한다고 하셨습니다.

이전에는 아버지에게 바라는 것이 많았습니다. 6 · 25 전쟁 때 고막 하나를 잃으신 아버지가 좀 더 말을 잘 들으실 수 있으면 좋겠는데, 허리를 곧게 펴고 걸으시면 좋겠는데, 잠을 편안히 주무시면 좋겠는데, 예수님을 더 깊이 아시면 좋겠는데…. 시간이 흐르면서 아버지를 향한 소원이 달라져 갔습니다.

"하나님, 아버지가 오랫동안 건강하게 저희 곁에 계시기만 하셔도 좋겠습니다."

병상에 누워 하나님의 부르심을 기다리는 아버지를 바라보면서는 한 가지 기도만 드렸습니다.

"주님께서 아버지의 손을 꼭 잡고 인도해 주십시오. 아버지도 주님을 바라보고 평안할 수 있도록 도와주십시오."

늘 죄송한 마음으로 살아가는 아들은 매일 아버지의

가슴에 얼굴을 파묻고 고백했습니다.

"아버지, 고맙습니다. 훌륭한 아버지셨어요. 사랑하고 존경합니다."

아버지와 두 주를 보내고 다시 미국으로 돌아갈 때는 도저히 발걸음이 떨어지지 않았습니다. 인사를 하고도 차마 떠나지 못하는 아들을 보고 아버지는 이제 평안히 가라고 손짓을 하셨습니다. 환한 미소로 아들을 보내신 아버지의 마지막 모습이 아직도 가슴에 남아 있습니다. 제 자랑스러운 아버지 이름은 류용복입니다.

아버지 쌀밥

높은 감나무에 달린 스피커에서
‘새마을 운동’ 노래 울려 퍼지는 아침

새벽에 논물 대고
소풀 한 지게 해 오신 아버지

밥상 위에
장지와 매운 고추
아버지 양푼 그릇
한쪽에 담긴 쌀밥

아버지 쌀밥
나누어 주신다

나는
아버지 여생
쌀밥 잡수시게
성공한 아들 되는 것이 꿈이었네

이렇게 살고 싶습니다

"목사님, 오늘 새벽에 우리 엄마는 그렇게 좋아하시는 하나님께 가셨습니다."

따님이 보내 온 문자에 권사님의 영혼을 하늘로 인도해 주신 하나님께 잠잠히 감사의 기도를 드렸습니다. 하나님을 진실로 사랑하셨던 허윤순 권사님은 봄꽃 향기 가득한 오월, 새들이 노래하던 새벽에 그토록 사랑하던 주님 품에 안기셨습니다.

지난해 오월에는 권사님이 병원에 입원하셨다는 소식을 듣고 심방을 갔습니다. 더는 투석을 받지 않겠다는 권사님께 하나님이 허락하신 생명이라면 최선을 다해 보살펴야 할 것을 간곡히 부탁드렸습니다. 권사님은 다시 투석을 받으셨고 매일이 마지막 날인 것처럼 기도와 말씀으로 하루하루를 보내셨습니다.

그렇게 1년 가까운 시간이 흐른 어느 날 권사님이 교회로 찾아오셨습니다.

"목사님, 췌장암 말기라고 하는군요. 이제는 모든 치료를 중단하고 주님 앞에 기도하고 예배하며 마지막 삶을 보내고 싶습니다. 저는 충분하게 살았고 이제 주님께 가고 싶어요."

너무나 평온한 미소를 지으며 말씀하시는 권사님의 모습에 제 귀를 의심해야 했습니다.

권사님은 진실로 주님을 사랑하며 천국을 소망하는 마음으로 병약한 몸을 이끌고 매일 택시를 타고 새벽기도에 나오셨습니다. 수요예배를 사모하며 말씀에 귀를 기울이고 주일 예배 때 행복하게 미소를 지으면서 건강한 사람들보다 더 즐거운 모습으로 인사를 나누곤 하셨습니다. 시간이 흐르면서 권사님의 몸은 점점 쇠약해져 갔지만, 주님과 천국을 사모한 그의 눈은 더욱 찬란하게 빛났습니다.

병원에 다시 입원한 권사님을 찾아뵈었을 때, 권사님은 쉽지 않았던 이민 생활에 대해 들려주셨습니다. 부군을 먼저 주님 품에 보내 드리고 홀로 살아 온 날들은 아픔도 많았지만, 하나님이 주신 은혜의 날들이라는 간증이었습니다. 말씀을 마치고 병실을 나서는 저에게 권사님이 나지막이 말씀하셨습니다.

"목사님, 내일 제 집에 다시 한번 심방해 주세요."

다음날 아내와 함께 댁으로 방문했을 때 권사님은 큼직

한 봉투를 내놓으셨습니다. 그 봉투 안에는 수십 개의 작은 봉투가 있었고, 봉투마다 이름이 적혀 있었습니다. 여러 선교사와 저희 교회 목회자 사모들을 격려하는 헌금, 그리고 제가 섬기는 중국의 영혼들을 위한 헌금과 장학금도 있었습니다. 권사님이 스물여덟 번의 강도를 맞아 가면서 생명의 위협과 바꾸며 모으신 헌금이었습니다.

권사님은 저에게도 마음껏 사용하라고 큰 돈을 준비해 주셨습니다. 저는 차마 그 귀한 돈을 사용할 수 없어 권사님과 따님에게 허락을 받고 팔레스타인 베들레헴에서 선교센터 공사를 마무리하는 선교사님에게 의미를 설명하고 보내 드렸습니다. 선교사님은 즉시 고마움의 편지를 보내왔고 죽음의 문턱에 서 있는 권사님에게 그 편지는 큰 위로가 되었습니다.

제 아내는 사모들을 위해 준비한 선물을 권사님이 직접 전달해 주시기를 부탁드리고 사모들과 함께 권사님 댁으로 찾아가서 한 사람씩 눈물의 인사를 나누었습니다.

매일 새벽기도에 택시를 타고 나오신 권사님은 점점 기운이 떨어지자 아들과 따님이 휠체어로 모시고 예배에 참석했습니다. 돌아가시기 두 주 전에는 주일 예배에 한복을 곱게 차려 입고 오셨습니다.

"목사님, 아마도 오늘 주일 예배가 마지막이 될 것 같아요."

권사님은 그렇게 말씀하고는 제 손을 잡으셨습니다. 예배를 마치고 권사님을 목양실에 모시고 기도한 후에 찍은 사진을 사무실 벽에 붙여 놓았습니다. 권사님은 그 다음 주일에도 한 번 더 한복을 입고 예배에 참석하셨고 그것이 마지막 주일 예배가 되었습니다.

제가 사역을 위해 한국으로 떠나던 화요일, 새벽기도를 마치고 휠체어에 앉으신 권사님께 어쩌면 오늘 보는 것이 마지막일 수 있다고 말씀을 드렸습니다. 권사님 앞에 무릎을 꿇고 간절한 마음으로 기도를 드렸습니다. 권사님의 뜨거운 눈물이 손등에 뚝뚝 떨어졌습니다.

그다음 수요일 권사님의 의식은 점점 희미해져 갔고 깊은 잠에 빠져들었습니다. 한국에 도착한 다음 날 전화를 드렸을 때 주무신다는 따님의 말에 권사님을 깨워 스피커폰으로 바꿔 줄 것을 부탁했습니다. 권사님! 하고 불렀을 때 깊은 잠에서 깨어나신 권사님의 첫마디였습니다.

"목사님, 한국 잘 도착하셨어요?"

아쉬움과 아픔을 표현할 수 없지만 주님이 계신 곳으로 이사 가는 권사님에게 머지않아 함께 만날 날이 있기에 조금 먼저 가셔서 기다려 달라고 부탁을 드렸습니다. 부족한 저와 아내를 그토록 사랑해 주신 권사님의 따스한 마음을 영원히 간직하겠다고 인사를 나누고 기도를 드렸습니다. 기력이 없는 목소리였지만 기도마다 "아멘"으로 응답하신 권사님, 그렇게 권사님과 마지막을 기도로 맺었습니다.

자신의 마지막 남은 몸까지 의대생들 실험용으로 기증하시고 고별예배도 하지 말고 모든 영광은 하나님께만 돌릴 것을 부탁하셨습니다. 사랑하는 권사님은 그렇게 마지막까지 고결하게 사셨습니다. 아직 호흡이 있는 우리도 그렇게 살다가 주님 나라에 이를 때 눈물도 아픔도 없는 그곳에서 함께 하나님을 찬양하기를 다짐해 봅니다. 이토록 고귀한 권사님을 세상에 보내시고 우리와 함께 머물게 하신 하나님을 찬양합니다.

다시 만날 그날에

(김요한 선교사님을 추모하며)

참 좋으시죠, 그토록 사모하던 주님을 만났으니
말씀으로만 뵈었던 주님, 몸과 마음을 모아 찬양했던 주님
얼굴을 마주 보고 손을 잡고 천국 길 걸으니 좋으시죠

오늘 선교사님이 안 계신 세상은
어두운 하늘 아래 흐르는 빗줄기가 아픔을 더하고
하늘을 날며 노래하던 새들도 날개를 접고 아파합니다

우리는 당신의 그 인자한 미소가 좋았습니다
찬양대를 이끌며 열정적으로 지휘하던 모습이나
우즈베키스탄에서 주님의 십자가를 외치던 뜨거운 가슴

당신의 기도와 헌신으로 타쉬켄트에 세워진 만민교회
이국땅에서 새벽을 깨워 하늘을 향해 올렸던 기도
당신이 외친 복음으로 동구권 땅에 십자가의 피가 흘렀습니다

우리는 주님을 향한 당신의 헌신이 고마웠습니다
후두암을 이겨 내고 다시 선교지로 달려간 당신
입국을 거부당할 때까지 이방 영혼을 위해 던진 고결한 인생

뉴욕 땅에 러시아 영혼을 위해 교회를 세우고
크림 따따르족 선교를 위해 눈물로 기도하던 나날들

당신이 뿌린 생명의 씨앗이 동토의 열매로 익어 갑니다

주님이 부르시기 전날까지 시드 기도회에 참석한 당신
당신이 세상에 남긴 마지막 흔적은 기도의 눈물이고
당신이 외친 마지막 한마디, 나의 힘이신 여호와여!

여기 당신의 손길을 간절히 기다리는 사람들이 있습니다
마주한 눈, 서로 잡은 손으로 즐거이 선교지를 달렸던 아내
사랑스러운 마음으로 아빠를 그리워하는 아들과 딸

소중했던 지난날을 떠올리며 눈물을 삼키는 시드 가족들
땅 위에서 하늘 가족을 이루며 간곡하게 기도했던 성도들
우리는 아직 당신을 놓을 수 없습니다, 당신이 필요합니다

그러나 선교사님이 더 필요하다는 하나님의 부르심 앞에
두 팔을 벌리고 감격스럽게 맞이해 주실 주님을 바라보며
아픔도 아쉬움도 내려놓고 기쁨의 찬가로 당신을 보내 드립니다

오늘 흐르는 눈물이 슬픔을 넘어 소망의 강으로 흐르는 것은
언젠가 하늘이 열리고 주님을 만나는 영광스러운 날에
당신과 함께 영원히 살아갈 약속이 있기 때문입니다

그날, 당신과 함께 못다 맺은 이야기 밤이 지나도록 나누겠습니다
그날, 당신과 함께 못다 부른 노래 하늘이 울리도록 부르겠습니다
그날까지 당신이 바라본 그 주님, 우리도 바라보겠습니다

오늘 하늘에서 미소 지으며 찬양하는 당신을 바라볼 때
다시 밝아 오는 푸른 하늘에 새들이 활기차게 노래하고
긴 여름날 햇살이 지나고 서늘한 가을이 다가옵니다

천상의 시인이여, 잠시 아듀

(시인 최연홍 교수님을 추모하며)

1.

하나님은 세상을 만드시고 만물 속에 언어를 심으셨습니다
시인은 신이 내리신 언어를 찾아내어 시를 지었습니다

시인의 글에는 자연을 노래하는 음악이 있고
어머니의 숨결을 떠올리는 사랑이 흐르고
윤동주를 그리워하는 가슴이 베어져 있습니다

2.

버지니아 하늘이 열려 목화솜 같은 눈이 내리는 날
수술받기 전날 기도하기 위해 집으로 찾아간 젊은 목사 앞에
시인은 무릎을 꿇고 가지런히 두 손을 모았습니다

차향이 집 안에 가득하고 창밖 대숲에 내리던 눈이 그칠 때
시인은 창조주께 삶을 맡기고 경건한 기도를 올렸습니다

존스 홉킨스 병원에서 수술 후에 의식을 찾았을 때
전화기로 들려오는 목사의 목소리에
시인은 엷은 미소 지으며 고개를 끄덕였습니다

밤이 지나도록 찬 바람이 불고
새들 노랫소리 그치고 대지의 들풀마저 고개 숙일 때

시인의 딸이 보내온 한 문장, 아버님이 돌아가셨습니다

3.
그는 여러 이름으로 지냈습니다
마더 테레사를 닮았다는 아내에게는 사랑하는 남편으로
자신을 대신하여 킬리만자로를 오른 딸에게는 자상한 아빠로
대학교 강단에서 가르침을 베푼 학생들에게는 존경받는 교수로
하늘과 바람과 별을 좋아하는 사람들에게는 따스한 시인으로
전능자 앞에서는 겸허한 성도라는 이름으로 살았습니다

자신을 소개할 때는 늘 삼류 신자라고 했지요
수술을 앞두고 목사의 손을 잡고 고백했습니다
목사님, 긴 아픔의 골짜기를 지나면서 이류 신자가 된 듯합니다
수술 후에 깨어나면 좀 더 나은 신자가 될 것 같습니다

이제 천국 길을 거닐며 하늘의 언어로 노래할 그에게
말씀드리고 싶습니다, 교수님은 이미 일류 신자에요
천국은 어린아이 같은 자에게 열리는 곳이니
땅 위에서 어린아이 같은 마음을 품으신 분이셨어요

4.
오늘 노시인의 발걸음이 닿지 않는 숲은 고요합니다
당신이 즐겨 찾던 개울의 물소리도 얼어붙고
시인을 반기며 노래하던 새들도 시인의 부재를 아파합니다

시인이 발걸음을 멈추고 기댔던 오래된 나무는

두터운 보료처럼 낙엽을 모아 시인을 맞아들입니다

5.
시인이 보이지 않는 세상에서
무수한 언어는 내릴 곳을 찾지 못하는 꽃씨처럼 바람에 날립니다

시는 풍랑도 이겨내는 힘이라고 시의 바다로 인도해 주신 당신
오늘 갑자기 등대의 불빛 사라져버린 바다 한 가운데서
저는 홀로 남아 당신을 그리며 긴 밤의 기도를 드립니다

당신이 남긴 시집, '겨울이여 아듀'처럼
당신을 다시 만날 그곳은 겨울이 없는 곳, 이별이 없는 곳
그날까지 당신이 걸었던 그 숲길을 제가 걷겠습니다
숲길에서 당신이 받았던 영감을 저에게 내려 주십시오

오늘 땅 위에서는 고결하게 살아간 시인을 보내지만
하늘에서는 천상의 시인을 맞이하는 노래가 울립니다

6.

이제 천국 한 모퉁이를 시로 그리고 계실 당신을 그려 봅니다
당신이 노래한 시편을 읽으며 미소 지으실 하나님을 바라봅니다

'시인은 죽지 않고 영원히 사는 사람'이라 노래한 당신
당신의 시집을 펼칠 때마다 우리 가슴에 영원히 살아있습니다

언젠가 땅 위의 삶을 마치고 주님 앞에 서는 날
천상의 시인으로 살고 계실 당신을 만나는 그날
우리는 함께 천국의 끝자락에서 주님을 노래하겠습니다

하늘 맑음을 지닌 천상의 시인이여
봄날 따스함을 가진 우리의 시인이여
다시 뵈올 때까지
잠시 아듀

천상공동체의 기쁨

펜실베이니아를 방문했을 때 그 지역을 잘 아는 목사님이 한 곳을 가리키며 이탈리아 사람들이 모여 사는 곳이라고 소개했습니다. 그 말에 귀가 솔깃했습니다. 말콤 글래드웰(Malcolm Gladwell)이 쓴 《아웃라이어》라는 책에서 그 지역에 대해 읽은 적이 있기 때문입니다. 이곳에 집단촌을 이루고 있는 이 사람들은 이탈리아 로제토 발포르토레라는 마을에서 모여든 사람들입니다. 그들이 사는 지역 이름도 훗날 '로제토'라고 바꾸었습니다.

이 사람들이 세상에서 관심의 대상이 된 것은 오클라호마 의과대학에서 가르치던 의사 스튜어트 울프 때문입니다. 1950년대 후반에 그가 이 지역의 농장에서 어느 여름을 보내면서 신기한 사실을 발견했습니다. 로제토 지역에 사는 이탈리아인들은 65세 미만 가운데 심장마비 환자가 거의 없다는 사실이었습니다. 당시는 콜레스테롤이나 심장병 예방을 위한 치료제가 개발되기 전이었기 때문에 미국에서 심장마비는 65세 미만 남성에게 가장 높은 사망 원인이었습니다.

스튜어트 울프는 구체적으로 로제토 마을 사람들을 연구하기 시작했습니다. 연구 결과는 그의 추측보다 더 놀라웠습니다. 실제로 로제토 사람들은 55세 이하에 심장마비로 죽은 사람이 한 명도 없었으며, 65세 이상의 심장마비 사망률은 미국 전역에 비해 절반에 불과했습니다. 그 비결이 무엇이었을까요? 울프 박사는 로제토 사람들의 식생활, 즐기는 운동, 유전적 요소, 그리고 지역적 특성을 연구했습니다. 일반적으로 사람의 건강에 영향을 미치는 중요한 요소들이었기 때문입니다.

놀랍게도 그 어느 것도 로제토 사람들이 다른 지역 사람들에 비해 더 건강한 요인이 되지는 못했습니다. 그들은 칼로리의 41퍼센트 이상을 지방에서 섭취하고, 조깅을 하는 사람이 없고, 사람마다 비만과 싸우면서도 담배를 쉴새 없이 피워 댔습니다.

오랜 시간의 연구 끝에 이 사람들의 건강 비결은 로제토 마을 자체에 있다는 것을 발견했습니다. 이 지역에 어울려 사는 사람들은 서로를 이웃처럼 방문하고 길을 걷다가 마주치면 그리운 친구를 만난 듯 서로 담소를 나누고 서로가 만든 음식을 나눠 먹으며 살았습니다. 그들이 이루고 있는 지역은 거대한 한 가족 공동체 같은 느낌이었습니다. 가난한 자도 부유한 자도 모두 한 공동체의 일원으로 서로를 도우며 평화롭게 살았습니다.

펜실베이니아 로제토 마을을 지나면서 진정한 공동체가 주는 능력에 대하여 생각해 보았습니다. 이탈리아 한 작은 마을에서 낯선 땅으로 이주하여 100년 이상을 살아왔지만 그들은 한 민족과 한 문화 그리고 한 가족이라는 정신을 가지고 행복한 공동체를 이루었습니다. 그들에게는 만남 자체가 행복한 시간입니다. 대화를 통해 타국에서 경험하는 아픔과 짐을 덜었습니다. 서로 곁에 있는 것만으로도 기댈 수 있는 버팀목이 된 것입니다.

우리 모두 다양한 환경을 배경으로 살아오다가 하나님의 특별한 인도하심으로 지금 서 있는 자리에 정착하게 되었습니다. 그리스도 안에서 신앙생활이란 그냥 예수님을 믿고 구원을 누리는 것으로 끝나지 않습니다. 성경을 더욱 깊이 깨닫고 주님을 닮아 가고, 개인을 넘어 공동체의 기도제목을 품고 진지하게 기도하며 아직 복음을 모르는 사람들을 향한 전도적 사명으로 살아가는 모든 과정이 건강한 신앙생활입니다.

신자의 정체성은 한 분 하나님을 아버지로 모시고 예수 그리스도의 몸 된 지체를 이루는 형제자매입니다. 함께 예배하고 교제하고 사랑하며 살아가는 삶 자체가 지상에서 천국을 누리는 가장 강력한 증거입니다. 그렇게 살아갈 때 세상 사람들은 우리를 보면서 세상의 기준과는 전혀 다른 신비로운 능력이 있다고 궁금해 할 것입니다. 그것이 바로 예수 그리스도의 사랑 안에 하나 된 천국 공동체의 비밀입니다. 그것이 언젠가 하나님 앞에 이르게 될 때 경험할 천상공동체의 기쁨을 미리 맛보는 삶입니다.

벼랑에 희망을 새기다

1.

여기는 페루 아마우따
사방을 둘러보아도 풀 한 포기 보이지 않는 절망의 땅
희망이 자라지 못하는 돌산에 둘러싸여
가파른 벼랑 위에 살아가는 사람들

삼백 년이 넘도록 스페인의 통치를 받으며
자신의 나라도 언어도 잃어버린 사람들

내일이라는 언어가 사라진 땅
동녘 하늘이 밝아지고 햇살이 환해져도
삶의 무거운 그림자에 희망이 보이지 않는 사람들

절규하는 듯한 수탉 홰치는 소리에 새벽이 깨어나면
햇살마저 검은 구름에 가려 빛을 잃고
흙길 위에 쓰레기를 뒤적이는 개들이 짖어 대는 땅
그 절망의 중심지에서 하늘을 바라봅니다

2.

안데스 산맥에서 먹을 것을 찾아 이주해 온 사람들
정글을 떠나 살길을 찾아 밀려온 사람들
오직 하루의 양식을 위해 일터를 더듬는 사람들
저들이 호흡하는 것은 삶이 아니라 생존입니다

군중 앞에서도 주저할 것 없이 젖을 물리는 엄마
금세 말라 버린 젖을 애타게 더듬는 아이
머리를 쓰다듬으며 미소 짓는 엄마
아이의 얼굴 위로 엄마의 눈물이 떨어집니다

알렉산드라의 다섯 남매는 아버지가 다릅니다
한 엄마에 아버지가 다섯인 아이들
책임 없이 떠나 버린 아버지 뒤에는
식당에서 일하는 엄마와 아이들을 돌보는 할머니
먹을 것이 없어 고아원으로 떠나는 아이들의 울음소리는
아마우따 돌산 곳곳에 메아리로 넘칩니다

장난감이 무엇인지도 모른 채
땅에 줄을 긋고 돌멩이를 갖고 노는 아이들
떨어진 신발 사이로 발가락이 보이고
머리마다 생긴 상처는 고달픈 삶의 흔적입니다

저녁이 되어 엄마가 돌아올 때까지
거리를 뒹구는 아이들을 무릎에 앉히고
바라는 꿈이 무엇인지 물어봅니다

엄마 아빠 싸우지 않게 해 주세요
매일 먹을 것이 있으면 좋겠어요
학교에 갈 수 있으면 좋겠어요

먹먹한 가슴으로 하늘을 향해 기도를 드립니다

하늘의 아버지여
당신이 이 땅에 보내신 소중한 아이들
당신의 사랑으로 피어나야 할 고귀한 영혼들입니다

이들의 바람을 주님도 아시겠지요
이들의 기쁨을 주님도 원하시겠지요
이들의 내일을 주님도 기다리시겠지요

3.
무너진 판자를 걷어 내고 새 집을 세웁니다
사랑과 흘린 땀으로 기초를 닦고
가슴의 기도로 기둥을 세우고
소망이란 이름으로 벽을 올리고
문 위에 희망이란 글자를 새깁니다

비가 몰아쳐도 씻겨 가지 않도록
한여름 뜨거운 적도의 열기에도 벗겨지지 않도록
희망이란 글자 위에 또 희망이라 쓰고
새겨진 글자를 한참 바라보다가
다시 붓을 들고 벼랑 위로 올라가
희망이라는 글자를 새깁니다

하루해가 지나갈 때까지 새기고 또 새긴 글자를 보면서
하늘의 아버지께 두 손을 모읍니다

어둠이 대지를 덮고
지친 삶의 무게로 돌아오는 저녁
십자가로 새긴 희망이 빛나게 하소서
저들의 가슴에 희망의 노래가 흐르게 하시고
그 희망 너머로 당신을 바라보게 하소서

4.
한 번 만나고 돌아서면
지상에서 다시 못 볼 사람들
슬픔이 두려움으로
두려움이 절망으로
절망이 분노로 변해 버린 사람들의 손을 잡고
나는 더듬더듬 스페인어로 말을 건넵니다

Dios creó el hombre.
(하나님이 사람을 창조하셨습니다.)

이 땅에 존재하는 모든 어둠은
하나님을 떠난 우리의 잘못 때문이라고
고통의 뿌리를 알아야 진정한 자유가 있다고
우리의 모습을 아는 것이 새로운 삶의 시작이라고
저들의 가슴을 향해 들려줍니다

El hombre pecó contra Dios.
(인간이 하나님께 불순종하여 죄를 지었습니다.)

사랑을 상실한 저들의 눈을 바라보며
당신은 특별한 사람이라고
당신을 위해 예수님이 이 땅에 오셨고
당신을 사랑해서 예수님이 십자가에서 죽으셨다고
언어로 표현할 수 없는 하늘의 사랑을 마음으로 쏟아 냅니다

Jesús murió en la cruz por tus pecados.
(예수님은 당신의 죄를 위해 십자가에 죽으셨습니다.)

죽음의 세력을 물리치고 살아나신 예수님
죄악으로 물든 역사를 뚫고 생명의 빛을 비추신 주님
고통의 삶 속에서도 하늘을 바라보게 하는 그 한마디
얼굴 가득한 미소로 환호하듯 외칩니다

Jesús resucitó! Jesús vive!
(예수님은 부활하셨고, 예수님은 살아 계십니다!)

어두운 하늘에 햇살이 내리고
희미했던 눈에 초점이 또렷해질 때
새들이 숨을 죽이고 바람마저 고요할 때
저들의 손을 잡고 눈을 바라보며 물어봅니다

Quieres recibir a Jesucristo como tu Salvador y Señor?
(예수님을 당신의 구원자와 주님으로 받아들이시겠습니까?)

5.

이제 삶의 자리로 돌아와
흘러가는 시간을 따라가다 보면
그토록 고통스럽게 올랐던 돌산의 언덕길
새카맣게 물든 손보다 더 검은 마음의 고통을 안고
하늘을 향해 자비를 구하던 구릿빛 얼굴의 사람들
내 젊은 날의 심장에 충격을 주었던 아이들
하나둘씩 희미해져 가고
언젠가 아마우따의 흔적마저 사라질 때가 올 것입니다

인류를 향해 쉼 없이 타오르는
당신의 긍휼에 의지하여 비오니
하늘의 아버지여
돌산으로 덮인 아마우따 땅
돌보다 무거운 삶을 이어가는 사람들

저들의 가슴에 자비의 햇살을 비춰 주소서
저들의 내일에 은혜의 빛줄기를 내려 주소서
저들의 삶 속에 희망의 바람을 보내 주소서

희망
希望

그리움의 창문을 닫는 그날

지울 수 없는 그리움을 가슴에 새긴 사람은 오늘도 살아갈 힘을 얻습니다. 오래 전에 중국 만주 하늘을 가득 채운 은하수를 보았습니다. 많은 세월이 흘렀지만 그날 밤 별들을 생각하면 어린 시절 마루에 앉아 그 많은 별을 헤아렸을 윤동주가 다시 떠오릅니다. 그리움이 우리에게 살아갈 힘이 되는 것은 사라진 추억을 쫓게 해서가 아닙니다. 다시 만날 소망을 가슴에 심어 놓았기 때문입니다.

지나가는 계절의 흐름을 잡을 수 없듯이, 삶의 소중한 순간도 물과 같이 흐릅니다. 흘러가는 삶 속에서 원하는 것을 다 가질 수 없기에 우리는 여전히 목이 마릅니다. 영원한 것이 없는 지상에서 끊임없이 그리움이란 씨앗 하나를 가슴에 품고 살아갑니다. 그리움이 자라나는 땅은 들판이 아니라 사람의 가슴입니다. 독일 사람들은 그리움이란 단어를 존재하는 가장 아름다운 단어로 꼽는다고 합니다. 그리움은 일상의 삶을 깊게 만들고 지나간 세월을 소중히 여기게 합니다.

그리움과 외로움과 괴로움은 삶에서 호흡처럼 따라다닙니다. 그리움이 깊어지면 외로움을 품게 되고, 외로움이 해결되지 않을 때 괴로움을 겪습니다. 지극히 아름다운 자연을 바라볼 때 감사와 기쁨이 넘치지만, 가만히 관조하다 보면 그 기쁨이 때로 외로움과 그리움으로 바뀌어 눈시울이 붉어질 때가 있습니다. 심장이 아파 올 정도입니다.

영원히 간직하지 못한다는 사실을 깨닫는 순간, 아름다움이 깊을수록 그리움도 외로움도 커집니다. 창조 세계에서 그 누구도 완전히 벗어날 수 없는 인간의 한계 앞에 우리는 모두 아파합니다. 4세기의 성자 어거스틴이 참회록에서 이 모든 몸부림을 겪고 난 후에 했던 고백입니다.

"우리는 주님을 위한 존재로 창조되었기 때문에 주님 안에서 안식을 발견하기까지 평화를 누릴 수 없습니다."

세상의 모든 그리움을 모은다 해도 예수님의 그리움만 할까요. 영원한 하늘나라를 내려놓고, 하나님이라는 자기 정체성을 버리고 유한한 인간의 몸으로 세상에 오신 예수님. 찬란한 하늘의 색깔을 감추기 위해 목수의 망치를 들어야 했고, 고달픈 일에 시달린 거친 손을 가져야만 했습니다. 십자가 위에서 하늘의 하나님마저 아들을 외면해야 했던 그 숨 막히는 고독 속에서 주님은 아픔의 눈물을 흘리셨지요. 주님의 눈물 앞에 설 때 우리는 하늘의 사랑을 발견합니다.

땅 위에서 호흡하는 날 동안 주님께 빕니다.

"주님, 당신을 향한 그리움이 깊을수록 당신처럼 살고자 하는 열망도 높아지게 하소서. 당신을 향한 그리움이 깊어져 언젠가 당신을 만나는 그날, 당신의 모습이 낯설지 않게 하소서."

하늘이 날로 푸르러 가는 가을, 거리마다 낙엽이 흩날립니다. 그 위에 찬바람이 지나면 흰 눈이 내려앉을 것입니다. 언젠가 인생의 겨울이 내릴 때 우리는 그리움의 창문을 닫고 당신을 만나겠습니다.

주님 부활하셨으니, 그럼 된 것이다

서러워 눈물짓는 기도로 하늘을 울려도
여전히 아픈 마음, 고통으로 얼룩진다 해도
밤새도록 올리는 기도를 듣는 분 계시고
주님 부활하셨으니, 그럼 된 것이다

스치는 바람에도 벚꽃 잎 지천으로 흩어지듯
연약한 육신 앞에 깊은 결단마저 무너진다 해도
십자가 붉은 피는 여전히 사랑한다 소리치며 흐르고
주님 부활하셨으니, 그럼 된 것이다

외길로 뻗은 인생길에 알아주는 이 한 사람 없다 해도
다함이 없는 사랑으로 여전히 오른팔 잡아 주시는 주님 계시기에
잔잔한 눈빛으로 넉넉하게 미소 짓는 주님 계시기에
단 한 번의 인생, 그럼 된 것이다

언젠가 역사의 어둠을 뚫고 나팔 소리 온 하늘 울릴 때
천지가 울리고 바다가 갈라지는 날, 주님 땅 위에 다시 오시는 날
흐르는 눈물 멈추고 아물지 않는 상처 치유해 주실 날 오리니
그날 우리는 쇠하지도 아니하고 죽지도 아니할 몸을 입어
새 하늘과 새 땅에서 주님과 함께 부활을 누릴 것이니
단 한 번의 인생, 그럼 된 것이다

이제 부활을 가슴에 새기고 세상 앞에 외칠 때다
이제 흐르는 눈물 거두고 부활의 기쁨 노래할 때다
이제 어둠을 밝히는 생명의 빛으로 세상에 증거할 때다

죽음 이기고 예수 부활하셨고, 죽음 이기고 우리도 부활하리니
부활의 첫 열매 예수님, 오셔서 우리를 맞으시는 그날까지
단 한 번의 인생, 그렇게 부활을 살아 낼 것이다

그를 통해 들으니 하나님 말씀이 모두 시입니다

시인 최연홍

성경 말씀을 전해 주는 류응렬 목사의 수사학에는 시편이 들어 있습니다. 대학에서 영문학을 공부했고, 신학교로 진학해 목사가 되었고, 신학자가 되어 설교학을 가르쳤던 교수. 그런 그가 교직을 버리고 미국 대형 한인교회의 담임목사로 왔습니다. 그 용기에 얼마나 감사한지 모릅니다.

나는 류 목사를 만나면서 주일을 시의 날로 선포하게 되었습니다. 예수님이 누구입니까? 시인입니다. 그분이 남긴 말씀은 모두 시가 아닙니까? 자신을 십자가에 달고 죽이는 자들에게 저들이 지금 무엇을 하는지 모른다고, 저들을 용서하라고 전하는 마지막 말씀. 그보다 더 처절한 시가 어디 있습니까?

월요일에서 토요일까지 세속의 산문에서 살다가 주일에는 시 속으로 들어가기 위해 교회를 찾았던 신자들에게 류

목사의 설교는 신선한 바람이었으며 약수였습니다. 그의 시가 있는 말씀은 교회 밖 거리에서 방황하는 사람들에게는 전도서입니다. 그들도 아름다움과 사랑을 찾아 방황하고 있습니다. 그들에게 그의 말씀이 전해지기를 희망합니다.

에이브러햄 링컨과 버락 오바마의 글과 연설 속에도 시가 들어 있습니다. 시가 그들을 대통령으로 만들었습니다. 기독교가 죽어 간다는 이 세상에서 가장 필요한 말씀은 예수님의 시편입니다. 이 책이 예수님을 전하는 아름다운 서정시가 될 것입니다.

하늘 언어로 삶을 노래한

최연홍 교수님과

하늘 사랑으로 살아가는

아내 정혜진님께

이 책을 바칩니다.